JN108558

救済と実践

人々に生きる希望を与える、和尚の世界

佐久間英和

まえがき――仏法医術・気功の世界

今から二五年ほど前、筆者がちょうど五〇歳になろうかという時のことでした。知人から、ある頼み事をされました。相手は六〇歳に手が届きかけた、見栄だけは強い割には気弱な人で、こんなことを打ち明けられたのです。

「医者から大腸がんを宣告され、不安でたまらない。こうなった以上、自分にできることは何でもやってみたい。思い当たるところがあるので、一緒に京都へ行ってもらえないだろうか」

実は、この知人が経営する会社は当時、巨額の不良債務を抱えていました。筆者は、請われてその再建の任についたばかりだったのです。

筆者は、この人が経済的にばかりではなく、病気にも苦しめられていることを知りました。しかし、私は再建のことで頭が一杯だったので、思わず、

「がんに罹っている暇はないだろう！」

と、一喝してしまいました。

ただ、そうは言ったものの、病人を見捨てるわけにもいかず、これも乗り掛かった舟と覚悟して、京都へ同行することになったのです。

目的の場所は、京都の西のはずれ、奈良に近い町でした。新幹線で京都まで行き、そこから近鉄線に乗り継ぎ、最寄り駅で下車しました。タクシーに乗り、昔ながらの民家が点在する曲がりくねった旧道沿いの街を進んでいくと、あっと言う間に通り過ぎてしまいそうな小さなお寺に到着しました。門をくぐると、本堂の入口に「仏法医術修養道場」の看板が掛かっていました。

堂には、一〇人ほどの、いかにも病人然とした人々が集まっていました。挨拶を終えた後、事情を尋ねると、がんや難病に冒され、しかも医療から見放された人々が大半だといいます。

ただし、だからと言って、決して陰湿で暗いイメージではありません。それなりに明るく振る舞っていて、妙な安心・安堵感が漂っていました。筆者にとっては、不思議な空間でした。

本堂でしばらく待っていると声が掛かり、筆者と知人は奥の座敷に呼ばれました。そこには、先客（患者）がいました。筆者は、その人をどこかで見たような気がしました。

と、そのとき、和尚がその人に向かって、

「監督、調子はどうかね」

と、問いかけたのです。

筆者は、先客がかつて何度も連覇を達成したプロ野球在京球団で活躍、かつ監督も務めた、誰でも知っている野球界の著名人の方であることに気づきました。監督の傍には、奥様も同席されていました。

その後の話のやりとりで、監督は、余命数ヵ月のがんを患い、都内の大病院へ入院していたが、たまたま病院関係者の「監督はもう無理、危ないな！」という会話を耳にしてしまい、人伝に聞いていたこの〝駆け込み寺〟を訪ねたのでした。ダメモトと思い、最後の望みを託して、逃げるように病院を抜け出して来られたのでしょう。

心中察するに余りあり、筆者はつい監督と和尚の会話に耳を傾けてしまいました。

その後、監督は奇跡の回復をされました。「余命数ヵ月」と宣告されていましたが、その後約一〇年間は、社会復帰も果たされた。しかも、ゴルフができるまでに回復されたのです。お寺に担ぎ込まれ、ただ横たわっていただけの瀕死の病人だったのが、ウソのような回復ぶりです。


それからというもの、筆者は定期的にこのお寺を訪れるようになりました。訪問を重ねるにつれ、この場所は、余命宣告を受けた人々が最後の望みを託して駆け込む場であることが分かりました。国内外、スポーツ界に限らず、政界から芸能界、もちろん一般市井の方々も言うに及ばず、驚くべきは現役のお医者さんまで、縁を頂いたあらゆる層の人々が、このお寺を訪れるのです。

実は筆者は、大学生の頃に母親をがんで亡くした経験があります。病院で、繰り返しがんの摘出手術に立ち会い、現代医療の実態を目の当たりにしました。その筆者にとって、この駆け込み寺の光景は、およそ理解しがたいものでした。

メスも麻酔も薬も使わずに、気功の施術によって、本人が自力でがんを治癒させる――。

この寺と深い絆で結ばれた後、筆者は品川和尚の世界に触れ、気功施術以外にも、造詣の深いさまざまな知識を得ました。それを紹介したのが、本書です。品川和尚のワンダーワールドの紹介です。

目からウロコ。どんな世界が観えたのか……。本書の扉を開くことにしましょう。

二〇二三年　夏吉日

佐久間英和

目次

第二章 光量子エネルギーによる「ディメンションオペ」
――自らの身体を調整し、癒す方法

第三章

仏教と光量子物理学は表裏一体

――品川和尚の施術の奥義とは何か!?

第四章 森羅万象について真理を語る

——「寺子屋勉強会」を紙上再現してみる

救済と実践

第一章

人々を救済する仏法医術修養道場

――品川和尚、光量子エネルギーの秘術

非日常的な摩訶不思議な世界

世の中にはこういうところもあるんだ、と思う不思議な場所がよくあります。それがもたらしたまったく素直な感想と驚きが、本書を出版する動機でした。

その後、和尚の寺を訪れるたびに分かってきたことがいくつかあります。まず、訪問者は例外なく、自身の体のどこかに病気や怪我を抱えていることです。杖をつき足を引きずる方は言うに及ばず、ご家族に車イスごと運び込まれた方もいます。

当然、医者や病院にも通っているが、体の不調は治癒できない。なかには医者から、余命数ヵ月の末期がんの宣告や、その他不治の病の宣告を受けた人もいます。

しかし、品川和尚の寺は当然、そんなPRはしていないのでほとんどの人が知りません。どこかに、案内が出ているわけでもありません。

大半の人は、たまたま縁あった方から紹介されて、この寺に辿り着いているのです。訪問者は、老若男女、全国津々浦々、年齢不問、まさに「駆け込み寺」の様相があります。

なかには有名なスポーツ選手や歌手、芸能人もいます。学識者等の顔触れも。はるばる海外から寺に足を運んで来る方もいます。興味深いことに、現役の医者さえ和尚に助けを求めて、この寺に来るのです。

それぞれの人がそれぞれ、寺の和尚に体の不調を訴え、和尚がその場で施術します。しかも、それを無償で行います。金銭的対価は一切不要で、和尚は、「ここは自分で体を治す場所。私は、お手伝いをしているだけ」と、言います。今時、そんな非日常的な世界が存在しうるのか、誠に不可解なことです。奥様、娘さんまで、そうした訪問者のお世話に当たっているのです。

品川和尚が行っている施術は、一般的には「気功療法」とされ、この時代、巷にその情報は溢れ返っています。同様のものが氾濫しています。なかには、怪しげなものも見受けられます。

しかし、筆者の胸を打ったのは、金銭的見返りは一切求めず、しかも苦しみに耐えかねて訪れた訪問者に、寺の本堂を開放し、親身に個々一人一人に対応する和尚の姿です。

若い時は、自ら日本各地に出向き、訪問先でたくさんの皆さんの施術に当たったとのこと。社会的知名度とは一切関係なく、希望する人に手当てを施す。縁があった方であれば、誰でも和尚の恩恵を受けることができるのです。

これまで、およそ一万人に施術をしてきたといいます。実に膨大な人数です。

こうした活動は、和尚にとっては、苦しんでいる方々への救済活動でしかありません。和尚が若かりし頃は、自ら地方行脚に出向き、行く先々で、噂を聞きつけた人たちが列をなして待っていたとのこと。驚きです。

仏門の教義に、捨世界（しゃせいかい）の教えがあります。仏に使える身として、日常の俗界から出家し、自身の足で歩き、目で確認すべし、という修行行脚の戒律もあるとのこと。何から何まで自分の行いを極めるべく、修行に励んだ日々が思い浮かびます。

ある自治体の行政のトップである知事から、最大の称賛お礼を言われたこともあるそうです。和尚の輝かしいこうした行脚の足跡は、数限りなく残っています。

しかし、和尚には、こうした行為は純粋に苦しんでいる人たちへの救済という、強い想いがあります。決して富とか名声で行っているのではありません。自分の行いへの揺るぎない信念があるからにほかなりません。

後ほど触れる和尚の師匠にあたる「山本空外（くうがい）上人」も、まさにそうした生涯を送りました。逆に、社会的名声をバックにして、一方的に寺に押し掛ける輩（やから）には、和尚は決してお会いになりません。あくまでも平等に、縁があった方だけにお会いになるのです。

そして寺を訪れた方々は、それなりに元気になっていきます（ただし、コロナ禍以降、寺での集団での施術は控えているようです）。


これは一体なんなんだ！

筆者が和尚と知り合いになって、もう三〇年近くになります。当時、確か白血病で余命を宣告され、涙を流していた訪問者を目撃しました。その時の記憶が甦ります。

今は、その人とは笑顔でご挨拶する関係です。とても元気になっておられます。本当によかったと、心から思うのです。

品川和尚の寺は、およそ世間の常識とはかけ離れています。誠に摩訶不思議な空間です。まさに〝救済の世界〟なのです。

読者は、こうした話を信じないかもしれません。それ故に、本書では丁寧に、私の体験をお伝えしようと思います。

寺は品川和尚の〝ワンダーランド〟

品川和尚の施術の基本は、和尚の持っている気功施術です。その効果については、図抜けたものがあります。これについて詳しく述べる前に、和尚の寺が実際どういう場所で、どんなところなのかを、まずお伝えしましょう。

写真（次ページ）でご覧の通り、寺に入る山門は高さ三メートル程度のものです。我々が知っている、古都の寺の仰ぎ見上げるようなイメージとはおよそ縁遠い、むしろ一般家庭に見かける普通の門のような印象があるのです。

山門を入ってすぐに本堂があります。入口の階段までは、五メートル程度。それほど小さなスペースに寺はあるのです。

階段の上には「仏法医術修養道場」と書かれた、大きな木の看板が掲げられています。階段を上がり本堂の扉を開けると、真正面の黒と金色色彩の仏像が、まず目に飛び込んできます。寺のご本尊です。そもそも寺ですから、当然と言えば当然の光景です。

そして、そのご本尊の前には、座卓が置かれ、何人かの人たちがお茶を飲みながら談笑

品川和尚が住持する浄土宗・来迎寺山門。京の町の片隅に、静かにたたずむ

来迎寺の本堂内、ご本尊を祀る須弥壇

須弥壇の両脇には「療病院」「施薬院」の看板が

しています。

さらに、堂内を見回すと、ところどころに敷かれた薄いマットの上で、やはり何名かの人が横になっています。奥の長椅子でも数名が談笑しています。ただ、何かホースのようなものを、体に当てています（後ほどご案内する、光量子エネルギーを照射するものです）。

三〇畳ほどの広さで、中央の仏像の脇にある舟形の大型容器も目に付きます。ちょうど、大人一人が入れるくらいの大きさのものです。何のために置いてあるのでしょうか？　これも、光量子エネルギーを照射しています。

普通、寺で本堂と言えば、荘厳な気持ちでありがたい読経を聞く、きわめて神妙な場です。ところが、ここは月に七日、中旬と月末の二回、和尚の施術を受けに来る皆さんの集いの場でもあるのです。コロナ禍以降は、こうした施術の場は休止していますが、この空間は和尚のワンダーランド以外の何物でもありません。

和尚の気の原点は〝気功〟

和尚の施術ついて、一体どんなものなのか、触れておきましょう。

まず、その原点が「気功」であることに、疑いはありません。大多数の皆さんは、この点に関して共通認識をお持ちだと思います。

もとより、気功の「功」とは、「効き目」の意味です。読んで字のごとく、気功とは、自然・日常で感じられる気の世界です。

気功師が受け手（動植物も同じ）に対し、その指先をかざすと、相手は妙にリラックスして気持ちが良くなり、場合によっては眠ってしまいます。まさに、そういう世界なのです。

ちなみに、気功は大別すると、自らが「気」の質やコントロールする能力を高める「内気功」と、体に必要な〝良い気〟を外から体内に入れ、体に合わない〝悪い気〟を体外に排出する「外気功」に分かれます。

もともとは隣国中国で進化確立していった健康法で、あちらでは健康維持のためのラジオ体操のようなものです。時たまTVなどで、そうした画像を視ることもあります。市民が集い、身振り手振りよろしくそれを取り入れている内気功として定着しているようです。

しかし、日本では自薦、他薦はともかく、それなりの気功師の方が、手をかざしながら施術する外気功がイメージとしては定着しているように思います。専門的な図書やネットでの案内も多数出ています。ご興味のある方は、そちらをご覧になることを推奨します。

「安居（あんご）の集い」で、参加者に外気功の指導を行う品川和尚

和尚の施術も外気功です（写真＝上）。

ところで、こうした「気」のエネルギーの素は一体何かという問題になると、ほとんどこれに関する案内がされていません。見えないし、分からないけれど、しかし、効果、あるいは現象としては確かに実感できる、漠然としたものなのです。

実は、本書を執筆した意味合いも、まさにこの点にありました。

以下、その「エネルギーの正体」に迫っていきたいと思います。

「気」の素、〝光量子エネルギー〟の正体

まず、結論から申し上げると、その正体は「光量子エネルギー」そのものです。耳慣れない言葉ですが、一般周知もされています。事実、気功師の中には、案内のための出版物にそうした記述をしている人もいます。

しかし、具体的にそれが何かという説明はありません。否、できないと言ったほうが正解かもしれません。

今でこそ、かなり知れ渡ってきたのが量子の世界です。これほど科学が進歩している時代でも、量子の世界は新しい分野です。量子科学は最先端の物理学のテーマであり、世界中の研究者がその解明に奮闘しているのは周知の事実です。

日本でも、一九四六年に初のノーベル物理学賞を受賞された湯川秀樹博士をはじめ、現在まで九名の方々が、この分野の賞を受賞されています。研究者にとっては、未知とロマンに溢れた魅力的な研究分野と言えるでしょう。

少し前の二〇〇二年、小柴昌俊博士が、自ら開発したその「スーパーカミオカンデ」で、

太陽系外のニュートリノの観測に成功し、ノーベル物理学賞を受賞した記憶も甦ります。

さらに、こうした研究テーマは、あの著名な物理学者、アインシュタイン博士にして、やっとその入口に辿り着いた状態なのです。

そもそも、私たち命ある生命体は、あらためて言うまでもなく、地球という絶対的な環境で日常を送る地球人でもあります。そこには水や空気はもちろん、太陽の光や温度など、当然の生活生命環境があります。当たり前すぎてありがたみが分からないかもしれませんが、近年騒がしくなった地球温暖化などはその最たるものでしょう。

今さら遅い、と言われる読者もいるのではないでしょうか？

地球温暖化のように目に見えるもの、あるいは体感できるものについては認識可能です。しかし、そうではない、普段、識別できないものについては誠に鈍感で、必要性も感じません。したがって、それについてあらためて考えることもないわけです。

水も空気も存在するのが当たり前の世界です。

分かりやすい例として、カラーテレビを考えてください。中世の人々が「色の着いた絵」が、電波を通じて空中を飛ぶなどということを想像できたでしょうか。量子の世界も、そうした延長線上にあるわけです。

量子物理については、第三章で詳しくご説明しますが、普段は聞きなれない言葉であり、和尚の施術の根幹でもあります。

そこで、概要だけでもざっくり説明しておきましょう。

超極小かつ無限の世界

まず、量子の世界は、超極小かつ無限に広がっています。

その単位レベルの数値は、日常生活のなかではあまり意味がありません。本書はそうした世界観をご案内するもので、最先端の学術的量子物理学の観点からは、やさしい表現はおおまかであり不適当かもしれません。しかし、専門的研究論文を紹介するわけではありませんから、あらかじめご了承ください。

さて、地球人という視点から、その地球環境、自然環境について考えてみましょう。

まず、次ページの図をご覧ください。

この図は、我々が認知できるミクロの世界、量子環境を表現したものです。お分かりのように、私たちの日常は中央の太陽光のラインが生活圏です。しかし、よくよく見れば、そこには磁気、電気、振動、波長、色、温度、エネルギー等々の要素が、すべて混然一体となって存在しています。そして、それらは互いに密接な関係で結ばれています。

例えば、30ページの図をご覧ください。

振動数が分かれば、波長もリンクして、自動的に相関関係を導き出すことができます。この定理はプランク定数として発表され、その後、提唱者がノーベル賞を受賞しました（マックス・プランク、ドイツ、一九一八年ノーベル物理学賞）。

同じように、31ページの図は、品川和尚考案・設計の活水器から照射される近赤外光の測定内容です。

唐突に和尚設計の活水器の話が出てきたことに、戸惑われている読者もいらっしゃると思いますが、この点については後述します。

温度が分かれば、波長も分かります。

振動波と電磁波（放射線）の相関図
すべてが一体のミクロの世界、量子環境

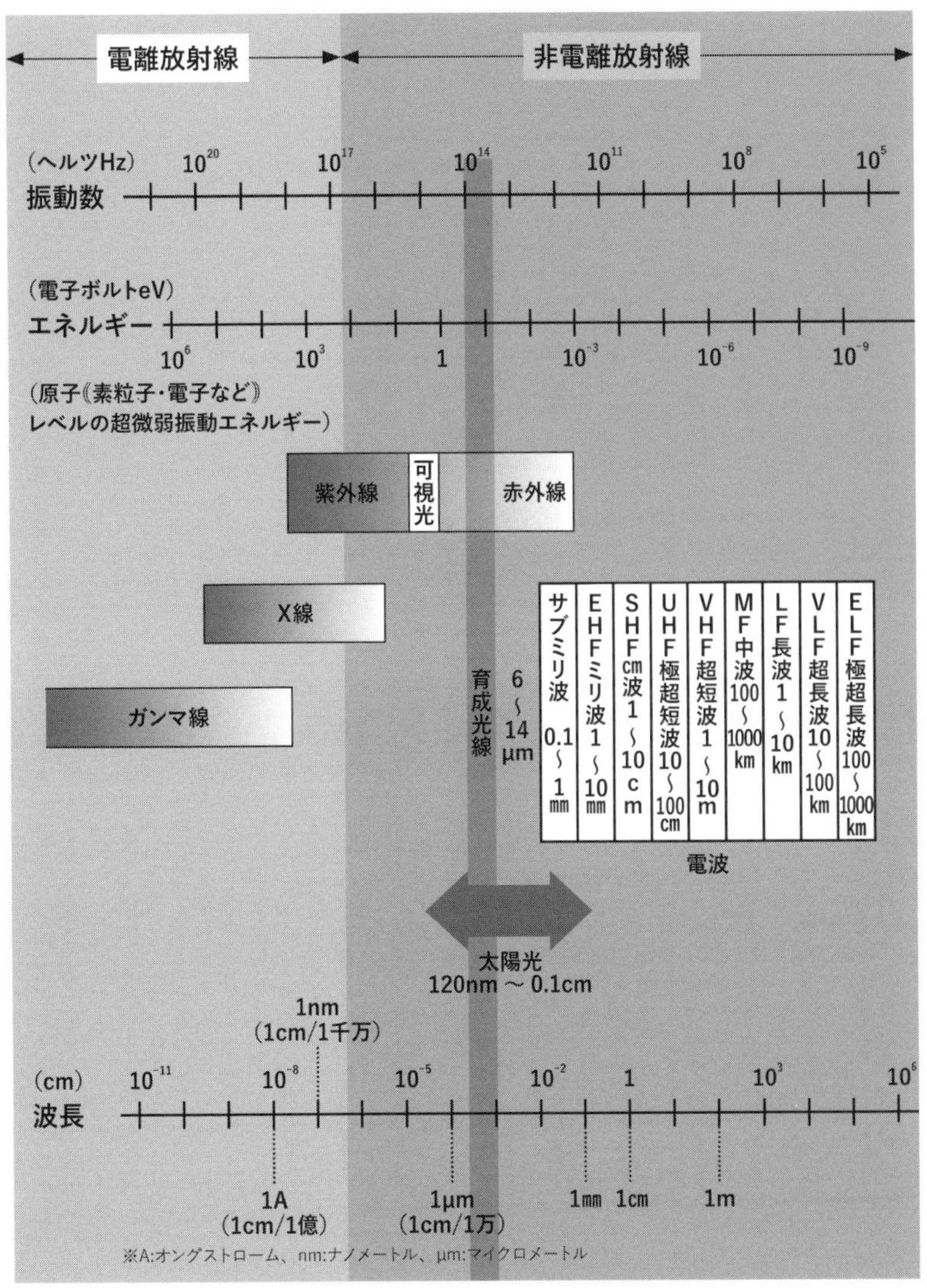

「すべてのモノは振動波＝電磁波から構成されている」（マイク・プランク博士）

●電子ボルト＝プランク定数（6.6260755）×振動数

波長とは振動のこと!?

振動数を表わすヘルツは、1秒間における電気の
プラスとマイナスの繰り返しを意味する。
それは、繰り返す波（電波、音波など）となって周囲に伝わる。

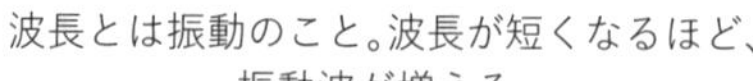
波長とは振動のこと。波長が短くなるほど、
振動波が増える。

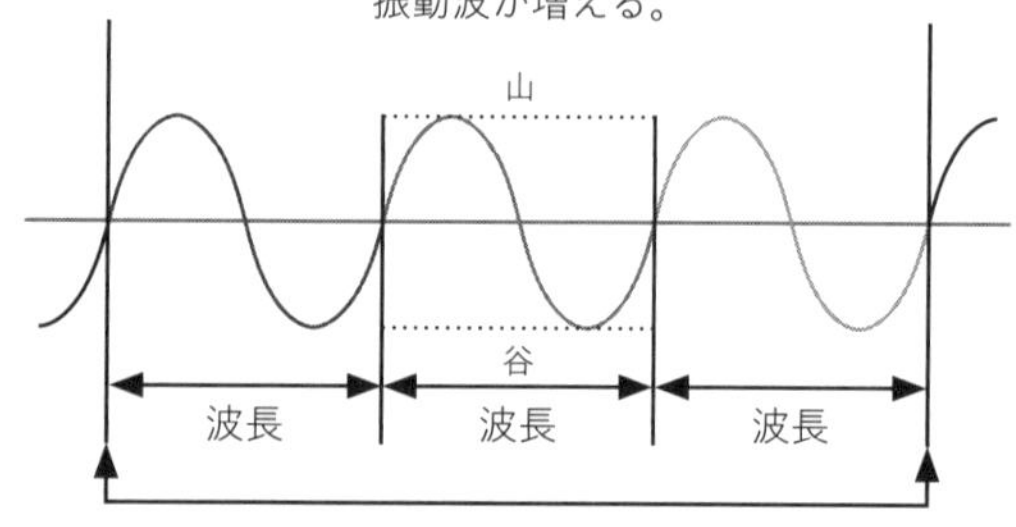

上手の場合、1秒間に３つの波長、振動数は３Ｈｚ（ヘルツ）。
ミクロ物理の世界では、波長が分かれば振動数に換算できる。

さらに、こうしたものをまとめた「電磁波・エネルギー量子に関する諸換算表」（32ページの表）も、すでによく知られています。

この表からもお分かりの通り、横軸ラインが確かに私たちの生活圏です。周波数にして、一〇の一四乗レベル帯、およそテラヘルツ領域の世界です。

それでも、和尚照射の光量子エネルギーは不可視光の近赤外線領域で、目には見えません。音もしません。かすかに温かみを感ずる程度です。あまりに微弱であり、日常環境での捕捉は困難です。

自然の中で起きるこうした状況に最も近い環境は、日の出前と日の入り後のほ

育成光線振動波は居心地の良い温度帯

外気温が体温より低めの約22°Cの場合、赤外線の波長はちょうど10μmで、きわめて居心地の良い波長帯となっている。特に、自然環境の中で日光に当たっている森林や、水、植物の豊富な環境で、この波長の赤外線が満ちている。

品川和尚設計の活水器。1㎡あたり0.2mw（ミリワット）、
極めて微弱なエネルギーを照射している。

んの一瞬と言われています。この一瞬には、太陽の姿も光も見えません。雑音もない、その状況に近いかもしれません。

ちなみに、日常の明るい太陽の光や、日昼のさまざまな雑音（エネルギー）がある環境では、すべて一体化している光量子の世界で、こうした微弱な振動波長だけを取り出すことは極めて困難、不可能です。それこそ、条件が整った実験室の世界でしか、検証できないのです。

しかし、この領域は、未知のサイエンスの宝庫でもあります。

例えば、シューマン共振周波数の存在があります。また、自然現象としての雷

電磁波・エネルギー量子に関する諸換算表

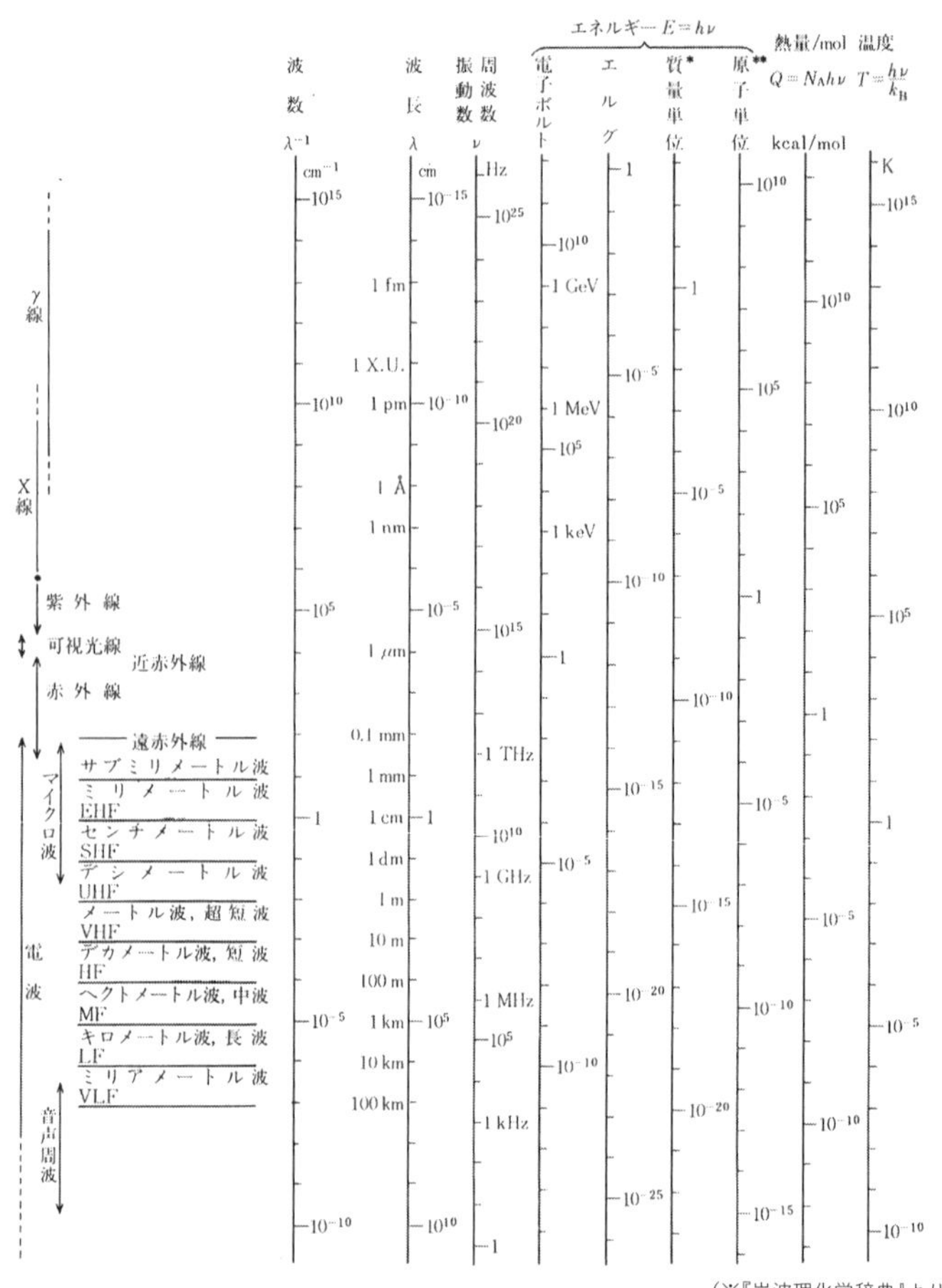

（※『岩波理化学辞典』より）

微弱振動エネルギーは光量子エネルギー、水の分子集合を改質する。赤外線の波長が10μm領域は自然の光で、安心・安全。振動数が１秒間100兆回レベルで、水の分子振動と共鳴し、分子集合体を破壊。温度20°C帯が最もカラダに適合。

の放電、さらには、逃れられない吹き付ける太陽風による電離層の振動などがあります。これらの現象により地表と電離層の間に、地球一周分の値に比べられる「極極超長波」の振動周波数帯の存在が確認できます。その値は一四・一など、いくつかの周波数帯と周知されています。

こうした微弱なエネルギーは、一種の「場」のような存在でもあり、私たちは生まれながらそこに存在しているわけですから、将来的にはテレパシーのような情報手段として活用できるかもしれません。

さて、そこで、二〇二一年にノーベル賞を受賞された眞鍋淑郎博士の研究は、地球を覆っている大気が及ぼす気象現象、温暖化に関係するものでした。

次ページの図でご覧のように、温度など地球の生命環境は、地球に降り注ぐ赤外光によって維持されています。まさに、自然の摂理、地球環境を調整しているのが赤外光といえるでしょう。私たちの生活環境に欠くべからざる、安心・安全の世界なのです。

そして、そうした思索を与える赤外光自体が、物理のテーマである「光量子エネルギー」の世界そのものでもあるわけです。

赤外光が調整する地球環境、自然の摂理

エネルギーの元は太陽（太陽のエネルギーなしに、地球の生命は存在しない）。

太陽は短い波長（高い振動数＝紫外線など）を含む電磁波を照射。

地球は長い波長（低い振動数＝赤外線など）の電磁波を再放射（地球放射）する。

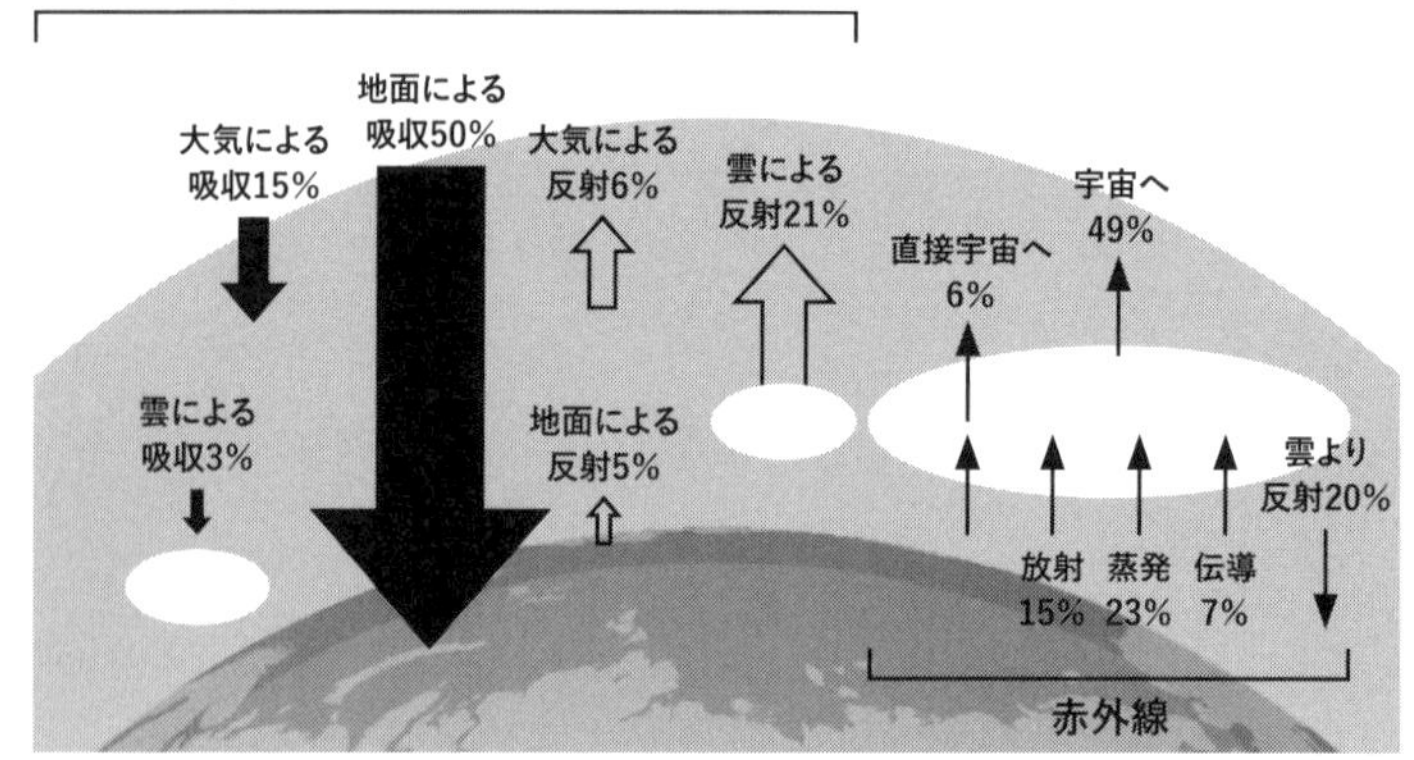

水を活性化すれば体も健康になる

原理はあるが、まだ解明されていないということはたくさんあります。

例えば、地球内部の状態です。あるいは数万メートルの海底の様子すら、私たちはほとんど何も理解していません。したがって、自然に対してさらに謙虚な態度が必要です。

さて、そこで、品川和尚の光量子エネルギーとまったく同じ効果を出すものをご紹介しましょう。具体的には、前述の和尚が考案し設計した活水器（日本ＷｅＰ流通ホームページ「水と環境ＰＪ」参照）です。

見えざる和尚の能力を可視化するという意味で、この活水器の話は、ぜひお読みいただきたいのです。

生命の源は「水」ということについては、誰しも異論はないでしょう。人間の体もおよそ七〇％が水です。植物に至っては九〇％以上が水。言い換えれば、体内の水の循環に変

水の状態図

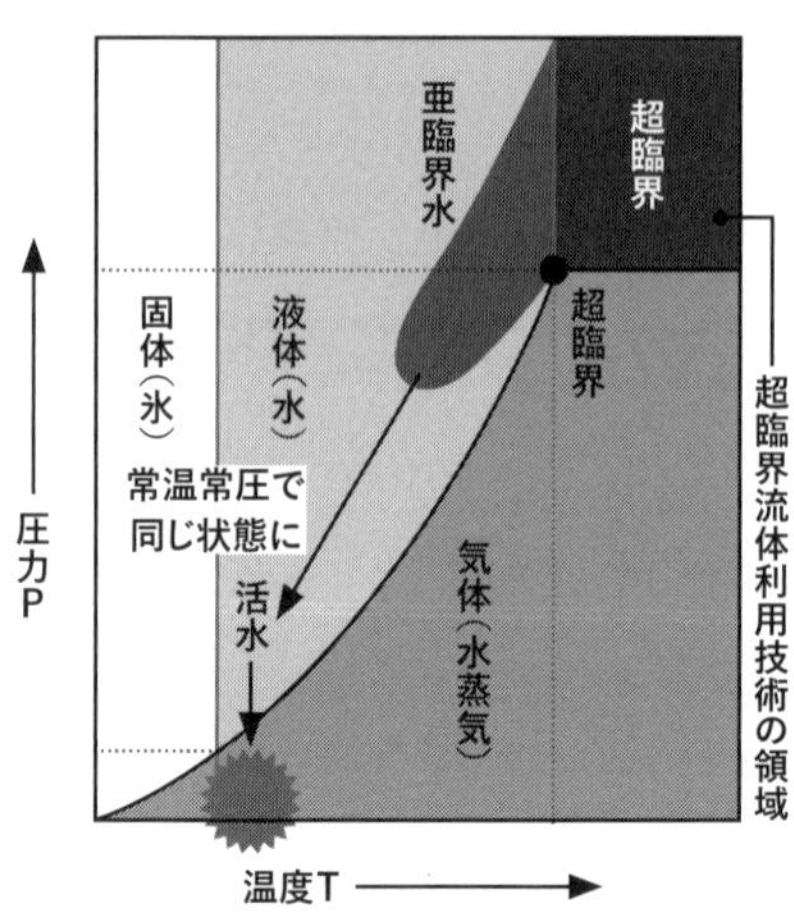

※活水器(育成光線照射装置)は亜臨界水の携帯実用機能としては初の装置。

調をきたせば、自ずと体の変調につながるのです。これは当たり前の原理です。水を活性化することができれば、体も健康になるという所以(ゆえん)です。

「水」はH_2Oの基本分子で表記されますが、単純にO酸素にHが二個ついているのではなく、基分子の水酸基OH^-基にH^+イオンが合体してH_2Oとなります。

さらに、その生成については、OH^-とH^+の連続的な合体により、アメーバ状のクラスターを形成します。しかも、そのクラスターも、絶えず変化・変成し続けています。そのスピードは、一秒間一〇〇〇兆回レベル。超高速回転で、目で見る

細胞膜と水分子・水クラスター

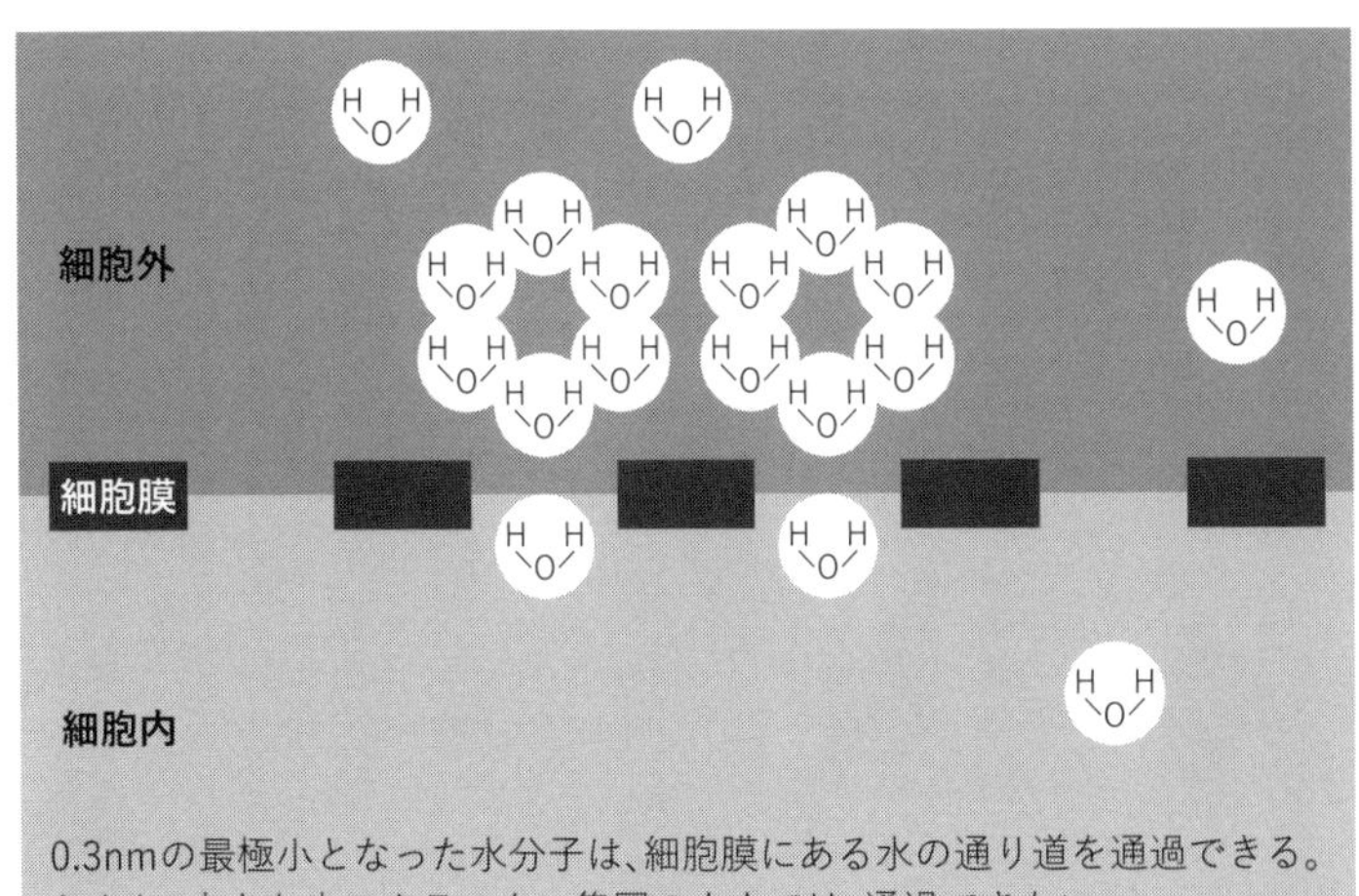

ことはできません。

逆に言えば、こうした水分子集合クラスターのチェーンを切ったり、さらに細分化したりしたクラスターにできれば、回転速度が上がります。言葉を換えると、分子の動きの速い活性化した「水」をつくることができるのです（理論上の世界、目で確認不可能）。

上の図に示すように、氷の個体が常温の液体へ、さらに沸騰して気体へと変化します。そして、最終的には臨界状態となり、分子がバラバラに分解飛散します（超臨界流体の状態）。

さらに、一方で、水の分子のサイズにも注目する必要があります。

水の分子集合(クラスター粒子)を遮断、自由活性分子を生成する活性器

分子集合の遮断には、分子同士が近づけない最近接距離の測定が必要。
図のように理論化されているOとHの原子間距離1.0Å(オングストローム)と、それを結び付けているHとOの点線部分の水素結合の距離1.75Åの観測が必要(分子整列距離2.76Å=0.276nm)だが、X線解析により、装置の作用を受けた水がその状態になることが、初めて明らかにされた。

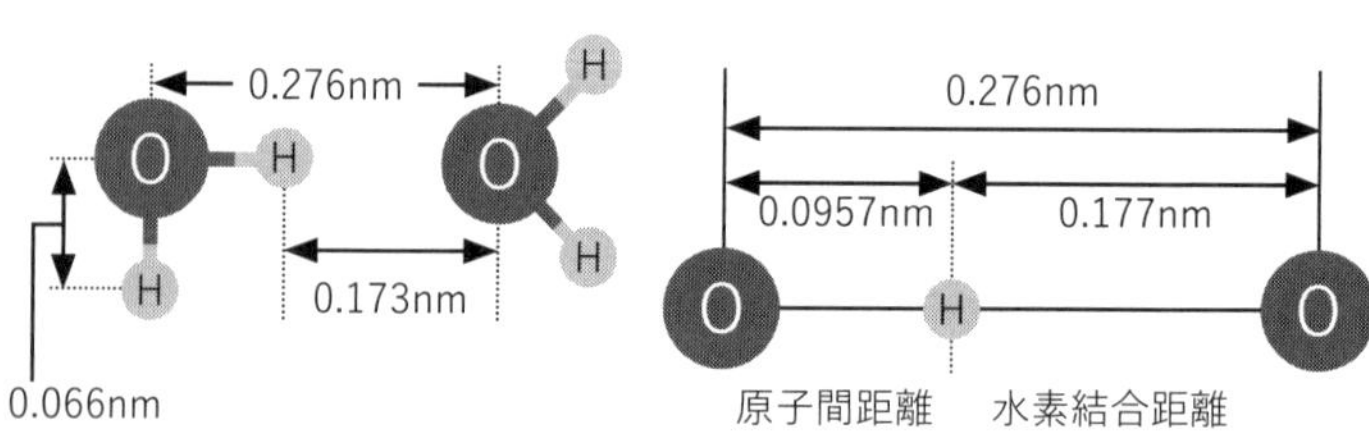

水の単分子サイズは〇・二七ナノメーター。そして、私たちの体内細胞レベル以下で体内へ水が出入りするためには、出入口のサイズ〇・三ナノメーター(一ミリの一千万分の三)超極小レベル以下でなければなりません。さもなければ、スムーズな体内循環に障害となります。つまり、水分子が限りなく単分子化した状態です。あるいはクラスターによる切残状態、バラバラ状態でないと、スムーズな出入りができません。

分子をバラバラの動きの速い水にするには、熱を加え、温度を上昇させれば可能です。逆に捉えれば、通常の冷たい水の分子は、必ずクラスター化、集合化しているのが自然の摂理でもあるわけです。

日常の常温状態下、熱も加えず、水の分子がバラバラになる。まさに、〝魔法の水〟の世界です。そんなことがあるのでしょうか……。

ところが、和尚の光量子エネルギーを受けた体の中の水分子は、不調で動きの悪くなっている体内の水の循環を健康状態に回復させる働きがあると考えられるのです。動きの速い水分子に変化変成させているため、こうしたことが起きている可能性が高いと考えられるのです。これは超極小超高速回転の分子挙動の世界であり、今後の研究が期待されているところです。

ちなみに、水分子のサイズのイメージは前ページの図のようになります。

和尚から照射される光量子エネルギーそのもの

ところで、もう一つの「水」の特徴として、波長九〇〇ナノメーターから一〇〇〇ナノメーター（〇・九マイクロメーターから一〇マイクロメーター）の近赤外線領域では、それによって、エネルギー吸収が起こることが挙げられます。分子励起によって、集合分子と細分化された「動きの速い水」、つまり活性水に変質させるという研究が行われています。

つまり、継続的に光量子エネルギーが照射できれば、水の動きの悪い、すなわち体の中の不調を起こしている個所を活性化することにつながります。

この水の分子の特徴を取り出し、ある特定波長のエネルギーを吸収し、分子励起を起こして活性化させればいいわけです。その波長体は、ちょうど一〇〇〇ナノメーター（一〇マイクロメーター）の領域です。

つまり、それこそが和尚から照射される光量子エネルギーそのものなのです。

いずれにしても、赤外光照射による水分子、あるいは水物性に関する研究成果が明らかになっています。かなり専門的な話になってしまうので、ここでは、北海道大学原子力工学部・水野忠彦先生が二〇〇四年、日本応用物理学会で、また茨木高専の根本栄治先生が二〇一一年、日本熱性学会でそれぞれ論文発表を行っておられることをお伝えしておきます（第三章102～103ページ参照）。

こうした学術報告は、まだ解明途上ですが、光量子エネルギーと水分子との相関関係も順次解明されていくものと思われます。

水の分子集合(クラスター粒子)を遮断、
自由活性分子を生成する活性器

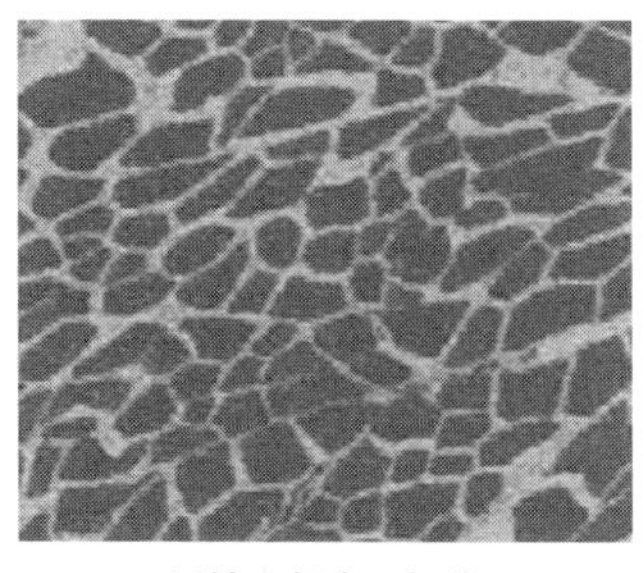
活性水飼育の細胞

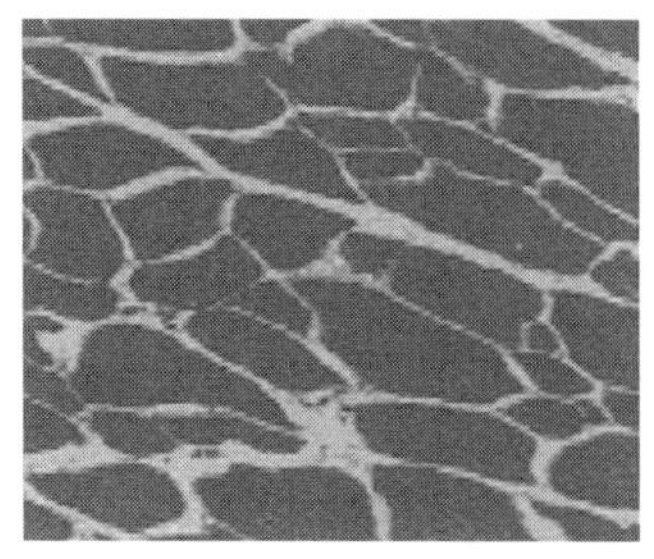
普通水飼育の細胞

比較すると、活性水飼育の豚肉の細胞は小さくなっており、
きめの細かい食感を味わえる。

以上をまとめると、和尚の光量子エネルギーが生命環境に極めて効果的に作用して、諸現象を引き起こしていることが分かるでしょう。

まず、自然界は放射線の世界であり、そのなかに育成光線という、生命にとって必須の波長体が存在します(光量子エネルギー)。

さらに、波長に連動した振動、磁気、電気、温度、色、エネルギー等々が一体となって自然環境を形成しています(それぞれを個別に取り出すことを可能とする科学技術は、今後の研究に期待されます)。

育成光線波長体が、水分子への活性効果を醸成して、常温なのに、分子の働きが速くなる、つまり活性化された亜臨界水へシフトします。そのための推進器となる光量子エネルギーの継続照射を可能にするのが、和尚の気功の極意なのです（すでに、生産成果も報告されています）。

前ページ上に、具体的な事例を写真で示しておきます。豚肉の細胞写真です。

品川和尚自身が光量子エネルギーの照射装置

そこで、この章の最後になりますが、この耳慣れない「光量子エネルギー」というものについて、ざっくりとですがもう一度、整理してみましょう。

光量子エネルギーは、物理学の世界の用語です。

もとより私たちの日常は、太陽や空気、水など、当たり前の自然環境に包まれた中で存在しているわけです。それでも、こうした世界を科学的に追求しようと、レベルは段階的であるものの、学術機関や専門的研究により、日夜そうした分野の研究、解明が、今も、これからも続けられています。

小学校の理科から出発するこうした勉強の領域は、最終的には自然物理学の研究の世界に進み、さらには原子・分子を極めるべく量子物理学という最先端の研究テーマとして、世界中の科学者が日夜研究に没頭している現実があります。当たり前の自然環境だからこそ、単純に当り前を解明しようとすると、なかなか説明できない。その説明にはとてつもなく大きなバックグラウンド、自然のモトから、つまり地球、宇宙から解明していかないとなかなかつながりません。いつかこうした世界も解明されてくるのかもしれませんが、あのアインシュタイン博士の理論にして、まだ道半ばです。

しかし、現実として私たちの生活、生命環境は連綿と続いています。当たり前の自然環境のお陰です。太陽・空気・水といった目に見える、感じるものは当然、見えない、感じない領域にも、生命をバックアップする何かがあるのではないか、と考えざるを得ません。

そして、研究、探索され発見されたのが光量子エネルギーの世界観です。この後、第三章で詳しく触れますが、まさに〝灯台下暗し〟……、危険な放射線、レントゲンなどの認知度に比べ、当たり前すぎて素通りしてきたのでしょうか。

品川和尚の気功の極意は、この光量子エネルギーを自在に操り照射するという、未だ最先端の科学技術をもってしても到達できていない、つまり和尚自身が照射装置そのものという世界でもあるわけです。

私たちの日常、自然界、さらにそれを司る根源的な宇宙観で捉えると、その九五パーセントが個体・液体・気体という物質の世界にあって、第四の最極小物質のプラズマ（荷電粒子）で構成されているといわれています。

詳しい解説は専門図書等で案内されていますが、当然、日常もその恩恵にあるわけです。地球環境が宇宙の赤外光、つまり日常の光量子の摂理で維持されているということは、その地球での生命体である私たちの生活・生命環境も、光量子エネルギーの恩恵により育まれていることに矛盾しません。そして、赤外光は放射線でもあり、電磁波エネルギー体でもあるわけです。

ちなみに、空間から取り込む和尚の手から照射される光のボリュームは、宇宙規模、無尽蔵の量子エネルギー場からも照射されていると考えられます。前記の水分子クラスター切断には、こうしたエネルギーが送り込まれ、分子構造に影響を与えているとも考えているわけです。

和尚の施術は、こうした日常の目に見えない感じない自然エネルギー、つまり光量子エネルギーを自在に駆使、身体の健康をバックアップしていると考えられるのです。

そして、こうした自然治癒の原点にあるのが仏教医学、東洋医学の世界ともいえるでしょう。無報酬、社会的名声区別なく、縁があった方にその奥義を教え救済するという仏教観、慈悲の世界にいる品川和尚の姿には、誠に心打つものがあるわけです。

品川高文和尚　略歴

京都府京田辺市来迎寺住職。

若くして仏門捨世界（しゃせいかい）の修行で全国を行脚。

習得会得した気功施術により、これまで一万人に及ぶ人々を救済。不治の病に罹った人、声の出なくなった歌手、首が動かなくなった格闘家をはじめ、最大手企業トップ、現役の医者さえも、さらには海外要人からのオファー等々、およそ超有名人も多数の方々がその恩恵を受けておられます。

ちなみに、今から一〇年ほど前、中東アラブの独裁者から、当時の大使館を通してお寺に、施術の御礼ファクスが届きました。また、直近では、米国情報通信の最大手経営トップのパートナーがお寺に来訪。何かの具合で、首から上が動かなくなったようで、施術の

お陰で元に戻り元気になった、といいます。

こうしたエピソードは、実に多くの事例があるわけですが、そもそもそうした方々は、この小さなお寺、品川和尚の世界をどこで知ったのでしょうか。誠に不思議です……？

品川和尚の師は、米国大統領より書画揮毫を要請された世界に冠たる哲学者・山本空外上人。そして、品川和尚は、空外上人の代理として米国ハーバード大学にて基調講演も行いました（第三章にて詳細紹介）。

品川和尚が社会的名声を好まないのは、空外上人の生き方に倣（なら）ったもの。

奈良飛鳥時代に救済活動がなされた療養院の教えを現代に蘇らせ、実践されている。

本書は、こうした品川和尚と三〇年近くに及ぶ薫陶の機会をいただいた筆者の、体験記録でもあるわけです。

第二章

光量子エネルギーによる「ディメンションオペ」

——自らの身体を調整し、癒す方法

奈良・飛鳥の時代「光明子」が蘇る施薬院・療病院

第一章でもお伝えした通り、品川和尚のお寺の本堂には、「施楽院・療病院」の看板が掲げられています。この名称は、聖徳太子が四天王寺に造ったとされる四院（悲田院・敬田院・療養院・施薬院）がルーツと言われています。そんな伝説が残っています。

四院の建立からおよそ一〇〇年を経た聖武天皇の時代、聖武天皇の皇后となった光明子が私財を投じて建てたお寺です。奈良の法華寺と同時に建立された、という史実も残っています。

歴史的意味では、このお寺は仏教思想の「慈悲の心」「救済の心」を、その建立の原点としているのです。

実際、光明皇后が、「千人風呂なる療病院を始めた」という史実もあります。今でいうジアテルミ・温熱療法です。光明皇后は、患者さんを薬草風呂に入れて温め、温かい言葉をかけて慰めるなど、献身的な看護ぶりだったと伝わっています。

皇后は、千人風呂の名前通り、患者さん一〇〇〇人を治療する願を立てられました。これに関しては、次のような逸話が残っています。

九九九人の病人が治療を受け、とうとう一〇〇〇人目の病人がやってきました。その一〇〇〇人目の人は、みすぼらしく全身がウミだらけの老人でした。治る見込みなどありそうもない患者さんのように思われました。

しかし、老人を追い払おうとする補佐の看守（看護師）を、皇后が制しました。

「何人たりとも差別なく診る（看る）と願を立てた以上、追い返すことなど相ならん」

その看守を厳しく叱責したのです。そして、自らこの老人に手当てを施しました。老人の体から出ているウミまで、口で吸い出しました。

すると、次の瞬間、その老人がパッと消えました。老人に代わって阿閦如来（東方で修行・成仏した如来で、無動・不動とも訳されている）が出現し、こうおっしゃったのです。

「お前が立てた願は真かどうか？　自分自身の体で確認に来た」

そう言った次の瞬間、阿閦如来は消え去りました。

これが、千人風呂が成就したエピソードです。今も有名な逸話として残っています。

聖武天皇の御代に、全国に国分寺・国分尼寺が建立され、その総本山が奈良の法華寺です。そこからわずかに離れたところに、光明皇后が造った療病院があったと言われています。今では田んぼとなっているようですが、実は神聖な場所なのです。

来迎寺で行われている施術道場も、病に心を砕かれた人々に、生きる希望を与える救済の場にほかなりません。

光量子エネルギーの実践版・ディメンションオペとは

さて、品川和尚の気功ですが、それを使った施術について、和尚は「ディメンションオペ」「次元オペ」と自ら名付け、施術を行っています。その様子をＤＶＤにまとめ「安居(あんご)の集い」シリーズとして、ご案内もしています。施術はもちろん、来訪者の方々への説明も収録しています。

要約して、ご紹介することにしましょう。

ちなみに、安居とは仏教用語で、数千年前古代インドにあって、雨季の期間、托鉢修行に出られない若い修行僧たちが集まり、釈迦ブッタの教えを皆で勉強し合った場です。寺子屋に似ているような雰囲気だったのかもしれません。
それでは、DVDナンバー3収録のものからお届けします。
和尚は語ります。

ディメンションオペとは、その人の体に触ることなく、悪いところを取り除きましょう！　ということです。この前も、手が曲がらない、頭から足の指先まで痛い！　という方が来られた。手が痛いのは五分程度で治った。それから、あちこちいっぱい痛いところがあったので、すべて二〇分くらいかけて診て、治した。

今日は、ここにいる皆さんに教えますから、二人一組になって、互いに施術体験をしてください。

その前に、施術で使うエネルギーについてお話しします。

まずこの空間にはいろいろなエネルギーがあります。ただし、見えません。ここにはヨーロッパの方もいらっしゃいますが、身体の不調が治ると必ず聞きます。どうして治ったのか？　と。特に、西洋の人は理解できない。日本の方もそうですが、私は答えます。他人に聞くより、あなたの身体はあなたが分からなければダメです！　と。

聞くより、自分でまず体感、体験してください！　私は、空間にあるエネルギーをあなたに入れる役目をしているだけです。頭で考えるから分からない。見えない。そもそも、仏教は考えるＴｈｉｎｋより、ｆｅｅｌ体感です。頭脳よりハートの世界です。仏教とは、心の他に求むるものあらず！　つまり、ハートの意味です。

私は、仏教と物理を平行に捉えています。あのアインシュタイン博士にして、宇宙に神の秩序があるならば、もしその秩序が乱れたら、必ずそれを元に戻す力エネルギーがあるはずだと考えました。身体の不調の原点です。

そうした乱れの回復に、図形を使うこともあります。鐘などの音も、そうかもしれません。また、波で感ずることもあります（空間エネルギーは光量子エネルギー）。

実際、古代の遺物が発掘された際、著名な学者が考古学的に大変貴重なものと鑑定したのに対して、街の考古学マニアが毅然と偽物だと主張したことがありました。理由として挙げられたのが、「偽物には何か遮る波動がある。本物だったらそれはない」――。実際、再鑑定したら、その通り偽物だったことが判明したというのです。

こうした間違いは、これだけ文明が進んだ現代でも、星の数ほどあります。最近では、冥王星が太陽系の惑星から外された、というようなこともありました。コンピュータの時代にあって、新しい発見も生まれています。

ただ、そうしたものはバーチャルの進化かもしれません。常に、新しいものにつくり変えられています。そして、変化し続けているのを、過去の現象と捉えれば、宇宙にはその営みが連綿と続いていると考えてもいい。

実際、仏教では、ありがたいことに死ぬことができる、というようにも捉えています。死というと、恐ろしく暗い話になりますが、そうではなく、光に戻るということです。生きる力があるのに自ら命を絶つのは以ってのほかですが、希望をもって日々生きていくことは、やがて光に戻ると考えられる（人間は光量子そのもの）。

人間で最も大切なものといえば、六〇兆個の細胞。細胞には内膜と外膜がありますが、過去の光には内膜が、外からの新しい光には外膜が作用しています。そもそも人間は、卵子の受精後一週間は体内にある赤外光を食べて成長、生きています。生命にとって、光というものはそれほど重要、必須欠くべからざるものなのです。

〈補足ですが、北欧の冬、太陽の光をほとんど浴びることができない状況下では、季節性鬱病という病気の存在も確認されています。〉

光といえば、太陽から地球までわずか五〇〇秒で到達します。およそ秒速三〇万キロという超高速のエネルギー体です。ところが、宇宙観的物差しでは、そうした光の何百、何千倍という速度で、目に見えないエネルギー体が埋め尽くされていると考えられます。一瞬で宇宙の果てまで行き、戻ってくる。ドラえもんの「どこでもドア」のようなものです。

そして、仏教では、こうしたエネルギー体を是として、後は考えることより体感がすべてなのです。私は、そういうエネルギーを〝念波〟と捉えています。言葉がなくても届く、通信テレパシーのようなものです（宇宙とは光量子エネルギー・念波の海）。

まず、手を広げ、前にかざしてください。すると、その手の平に何かを感じるはずです。お尻の穴をギュッとすぼめ、その感じた何かを摑み取る！　あとは摑み取ったものを意識して、身体の痛いところや具合が悪いところに、指先を向けかざしてみる。空間にある、先ほど話した自然宇宙エネルギーが手の平から照射されるのです。

目を半眼にして、薄目を開けて見ると、光が真っ直ぐ患部に向かって出ているのが分かります。誰でもできます。

ここに縁あって来られた海外の人たち皆さん、感激されます。目のほとんど見えなかった方が、見えるようになった。旅行中に胸が痛くなった心臓の悪い人、手をかざしたら治った。歯が痛くなったのも、手をかざしたら治った。脚に水が溜まり、コブが五つもできたのが、一五分ほど手をかざしてディメンションオペをやってみたら、コブが消え、曲がらなかった足が元に戻った……。

やってみて、素直にマネをすること。それがいい。

人間とは神の光を宿す器。神の光の出口ともいえます。仏様の背中から立ち上っている光背、あれはパワーであり、エネルギーそのものを表しています。指先が下を向いていれば地獄に落ちている霊を引き上げ、上にある手は仏の世界まで引き上げる様を意味しているのです。

あと、注意しなければいけないのは、妙な占い師やそうした類の人に騙されないことです。見えないだけに、十分注意してください。それでは皆さん、二人一組になって実際にやってみてください（施術状況については、DVDで詳しく説明しています）。

「人間は〝神の光〟の出口」

よく「マクロ・大きな宇宙」とか、「ミクロ・小さな宇宙」などと言いますが、両方とも我々が考えている世界とは次元が異なるわけです。その宇宙空間はエネルギーに満ちた空間です。プラスとマイナスの極小の光粒子の世界です。実際、目に見える訳ではありませんが、オーロラをイメージしてみてください。数百キロを瞬時に移動する超高速エネルギー体です。

しかし、仏教の世界では瞑想、修行によって、こうした世界を往来できる術を会得することができるのです。仏教の世界では、我々の世界は仏の光によって生み出されたという原点の教えがあります。仏に仕える修行者としては、必然でもあるわけです。

一方、こうした目に見えない、感じない思想的世界の表現に対して、科学の世界の表現として量子物理学の世界があります。今もこれからも、最先端のテーマです。

人間は神の光の出口という表題を理解するには、仏教観の光を量子物理学の光の研究として捉え、解析していくことに他ならないわけです。

もう一度、まとめます。

和尚によると、生きているとは、単純ですが物が動いている状態のことです。物事は、点になると不具合が生じます。人間をはじめ、生き物とは何かを定義する場合、動いている

宇宙空間はエネルギーに満ちた空間

例えばオーロラは、数百キロを瞬時に移動する超高速エネルギー体。

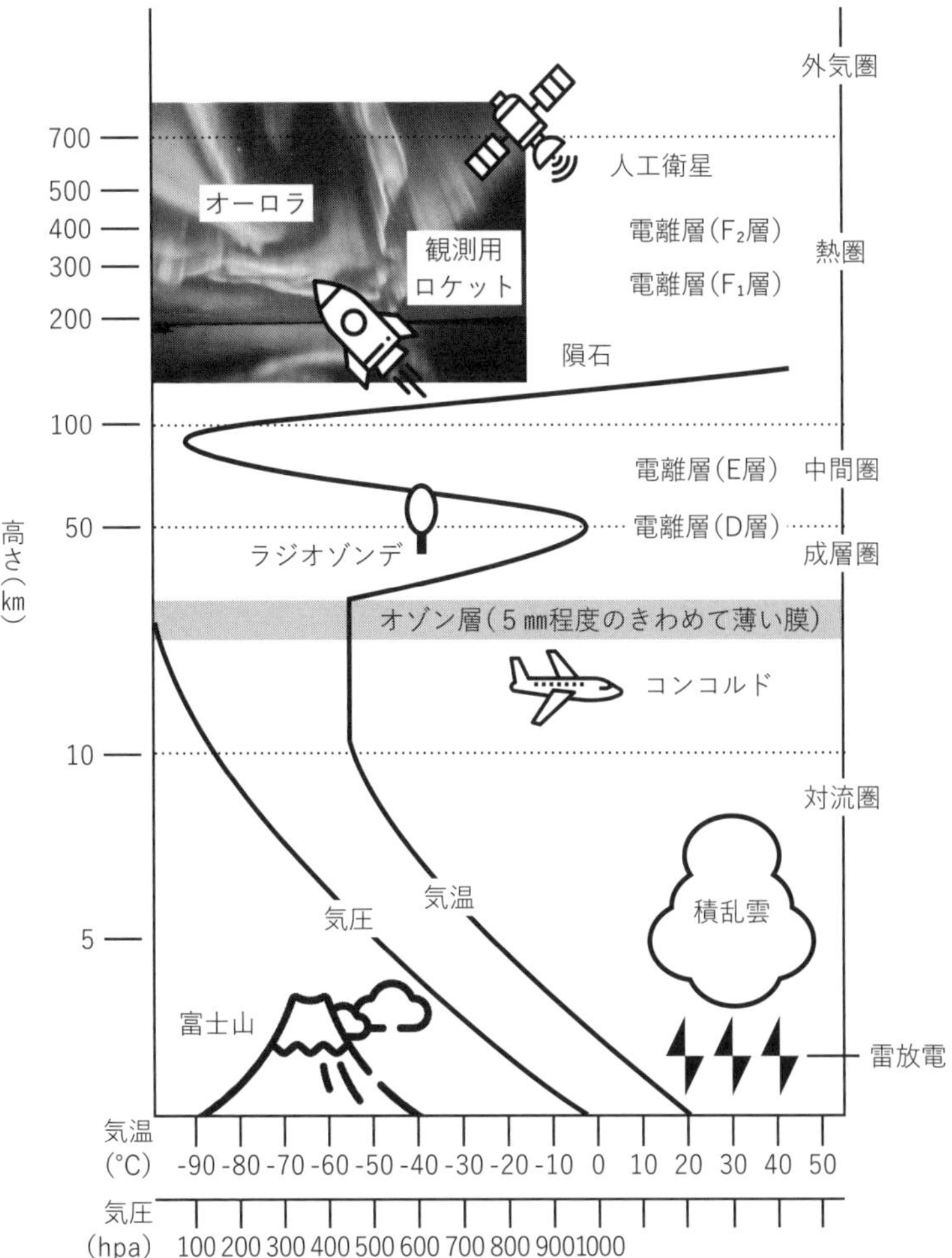

かどうかが鍵になるわけです。そして、人間というものは、神の光の出口とも説いています。それ故、別世界や異空間との交流という教義が育まれているのです。

神の光とは仏・大日如来を意味するもので、この宇宙・自然界の創造者（化身）でもあります。つまり、絶対的光であり、衆生を救済するすべての諸物の根源的な仏として位置づけられています。

もちろん、これは思想的・観念哲学的なもので、学術・科学的な表現として、こうした神の光は「光量子エネルギー」として周知されているわけです。だから、無私の境地で自然にしていれば、その大宇宙の原理のなかに自分を置くこともできるのです。否、もともと我々の自然界は、この「光量子エネルギー」の世界で育まれているのです。自然に生かされ、施しを受けているのです（仏教観と光量子物理学は表裏一体なり）。

ディメンションオペを実施しているとき、人によっては、体から放射されているものを知覚することできます。本堂の仏様の背後には、白光（光背）がさしています。それが身体から放射されているもののイメージであり、光の出口という和尚のお話は、そうした世界観をひと言で言い表したものなのです。

あるいは今風の言葉で言えば、パワーです。それを具体的なカタチにしたものが、仏様の白光です。仏様と向き合うと、人によっては体から放射されているものを知覚することができます。

かく言う筆者も、初めて和尚とお目にかかった折、「あなたの頭の上からは、柔らかな二つの光が出ているよ」と即座に指摘をされました。和尚によれば、光の形も人によってまちまちで、「よこしま」な人はギザギザの尖った形に見えるそうです。

およそ三〇年前のことですが、すべてお見通し、まずは胸をなで下ろした記憶があります。

ただ、和尚によると、仏教ではこうした複雑なことを考える必要はあまりありません。漠然としていてもいいので、何かを感じるということのほうが、むしろ大切なのです。

腕を伸ばして手の平を上向きにしてみると、誰でも何かを感じることができます。何か通常とは異なった感覚を体験するはずです。自然にある「光量子エネルギー」を、集中的に取り込んでいる状態です。ちょうど、レンズで光を集中的に取り込み高温を発するレンズほどではありませんが、手の平でもそうした感覚イメージなのです。

二、三〇秒それを続けると、手の平がむずむずしたり、温かくなったり、冷たくなったりします。ウエイブを感じる人も、重たく感じる人もいます。人によって中身は異なりますが、それぞれが何か不思議な体感を感じ取ることができるはずです。

人によってみんなまちまちだけども、不思議なものが体験できます。これが病気を治す根源なのです。不思議なもので、五分もやれば、たいてい体の痛みぐらいは誰でも取れます。熟練した方ならば、指先からの光の筋がみごとに放射されている状況を見ることができます。

和尚曰く、私の場合は、手の平をぎゅっと握りしめると同時に、お尻に力を入れます。そして、自分の手を他の人が痛みを感じているところに当てるだけで、同じように痛みを取ることができます。（今では筆者も、初歩的なところは会得できるようになりました。）

モルヒネがなくても、これで痛みは取れます。なぜかと言えば、見えない空間に神が宿っているからです。

神とは仏の光、つまり「光量子エネルギー」であり、病や不調で固まってしまっている患部を、その放射作用で柔らかくほぐし、元に戻すということなのです。

空間は物質に変換し、物質は空間に還元する

そもそも仏教では、無量寿光の教義があります。

この世界、宇宙観では、永遠の命を司る阿弥陀如来の施す光、無量寿光により、量ることのできない永遠の寿命の世界が広がっていると示されています。和尚の説く「仏の光」とは、まさにこの光量子エネルギーであり、念波そのものと理解されるわけです。

見えなくても、わからなくても、確かに存在しているのです。

生理学的には、不調・病により不活性状態の細胞代謝、反応生成に対し、「光量子エネルギー」によって送り込まれる光電子により、正常な細胞代謝・反応生成を促すものです。

細胞自身の持つ生体エネルギーの活性化です。気功的には、体内の気の入れ替えになります。

薬に頼っていては、こういう体験はできません。これが「ディメンションオペ」と呼ばれる療法です。

和尚のアドバイスは「自分で治しなさい」

品川和尚によると、このディメンションオペは、ヨーロッパでも流行しているそうです。日本国内は言うまでもなく、アメリカでもオーストラリアでも科学者たちが、ディメンションオペに関心を持っています。

和尚の講話から、ディメンションオペで恩恵を受けた実話を紹介しておきましょう。

ある高齢の男性が、免許を更新するために警察署へ行きました。そして視力検査を受けましたが、最初はよく文字が見えませんでした。そこでディメンションオペに頼ることにしたのです。手の平を上にして、エネルギーを呼び寄せました。すると、急に文字がはっきりしてきて、全部読めたのです。とても不思議がっていたそうです。

もうひとつは、六〇歳ぐらいの方の例です。この人は、心臓に動悸がしたので、薬箱を持ってうろうろしていました。人間は切羽詰まると、どう行動していいのか分からなくなるものです。ただ、おろおろするだけだったのです。しかし、ディメンションオペのことを思い出し、手の平を上にして、エネルギーを受けました。すると、動悸がさっと引きました。

また、海外へ家族旅行をしたときに、歯が痛くなったときにディメンションオペで回復した例もあります。最初はなんとか痛みを取ろうとして、顎を手でさすったりしていましたが、症状は改善しませんでした。そのうちにディメンションオペを思い出して、手の平を上にして深呼吸をしました。その手を顎に当てると、嘘のように痛みが引いたというのです。異国であっても、やはりディメンションオペは効果があるのです。

もともと、地球上にあるすべての生命の源「光量子エネルギー」のお陰です。

さらにもう一人は、膝に水が溜まり、痛みに悩まされていたのが完治した例です。この人は、品川和尚のところへ相談に来たので、和尚がディメンションオペで治してあげたそうです。

「再発したときは、どうすればいいですか」と、和尚に尋ねてきたので、和尚は「自分で治しなさい」と、アドバイスしたそうです。

自分で自分の病気を治すというのが、治療の基本です。和尚はこの人にディメンションオペを教えました。その結果、膝に水が溜まる症状も出なくなりました。

さらに自分だけではなく、他の人の身体の不調を治すこともできるようになったのです。他の人を助けることができたことが嬉しかったのか、和尚のところに喜びの電話をかけてきたそうです。本人は、あまりの嬉しさに、自分の名を告げずに電話を切ってしまったので、和尚としては「誰だったっけ？」という笑い話も残っています。

こうした喜びの報告は、外国からも和尚の元へ届きます。報告の中で特に多いのは、薬を使わなくても、痛みを感じなくなったという喜びの声です。

脳梗塞の後遺症が良くなった例も報告されています。和尚によると、とにかくやってみることが肝心だとのことです。

ちなみに、ディメンションのときに呪文を唱える人がいますが、それはあまり重要なことではないとのことです。唱えてもいいし、唱えなくても問題ありません。

品川和尚が念波を集中照射する際に使う一枚の布「妙光錦」

和尚によると、ディメンションの身に付けかたは、模範例の真似をすることです。よく人の真似はするなという人がいますが、ディメンションに関しては、真似をすることが最も重要です。小学校の鼓笛隊なども、先輩を真似て学ぶわけです。模倣により受け継がれているわけです。

そこで、こうした「光量子エネルギー」ディメンションオペの際、和尚が開発した補助機能もご紹介しましょう。

和尚が名づけた〝念波〟の実用版「妙光波」を集中照射する布「妙光錦（にしき）」というものです。和尚は独自にこれを開発、施術に活用しています。身体や患部に巻いたり、当てたりしているだけで、とても心地よい温かみを感じます。冒頭でご紹介した監督は、中に入ると、即熟睡していたそうです。

一五年ほど前に筆者オリジナルで出版した図書には、脳出血で倒れた患者さんの活用事例が紹介されています。枕の上に「錦」を敷いて寝ていただけですが、ほどなく完治、正常に戻ったということですが驚きです。

ちなみに、本物の気功師であれば、布の中心のマークから出ているまばゆい光を見て、目を開けていられない光景も目にしました。

実際にこれ一枚身に巻いているだけで、一枚着ているものを脱ぎたくなるほどです。体内の熱エネルギーが上がり、活力、免疫力が上昇してくるのが、さらに体感できます。

品川和尚、実際の施術指導現場

この項でお伝えするのは、自分でできる身体の治し方です（映像で収録しています。https://www.youtube.com/@terakoya.shinriokataru/）

次にご紹介するのは、実際に現場で行っている和尚による施術・指導の風景です。

コロナ禍以前は、お寺を開放、施術希望者三〇人ほどが集まり、皆で体験学習を実施していました。もちろん、無償伝授です。

会場に集まった参加者を前に、和尚は「どなたか痛みがある人はいますか」と言って会場を見渡しました。

すると、一人の老婦人が手を挙げました。

「前へ来てくれますか」

老婦人は和尚の前に出ました。そして和尚の正面、絨毯の上に腰を下しました。

「どこが痛い？」

夫人が小さな声で、「背中が痛い」と訴えました。

「分かった。皆さんのほうを向いて正座してください」

夫人は和尚の指示に従い、一同に向き合う形で正座しました。

「今、痛くなったの？　前からなの？」

「前からです」

「何か病気はありますか」

「椎間板ヘルニアです」

「いつから痛みますか」

「二〇年ぐらい前です」

和尚が背後から婦人の腕を握って、上半身全体を二回左側へ捻じりました。次に、右にも二回捻じりました。それから婦人に、「立ち上がって」と指示しました。

夫人は立ち上がりました。

「どう」

「良くなりました」

夫人は不思議そうに、でも確信を持ってそう言いました。

ディメンションだと五分を要しますが、この方法でやれば二分で良くなります。品川和尚には、こういう力があるのです。ディメンションオペの応用です。

次に、喉の調子が悪いという夫人が和尚の前に出ました。和尚はこの人を自分の椅子に座わらせて、寺のスタッフに対処するように指示しました。さらに、指が曲がらないという夫人が前に出ました。この人にも、和尚は別のスタッフを割り当てました。

これらの二つのケースでは、施術者は体に触れることなく、患者にディメンションオペを施しました。施術者が自分の手の平を天に向け、次にその手の平を患者に近づける。それだけのことですが、抜群の効力があるのです。

会場のあちこちで、参加者が二人一組になって、ディメンションの実践を始めました。活気のある雰囲気が広がります。和尚は、自分の椅子に戻り、次のように説明します。

「ディメンションは、川に仮定してみてください。この川のどこかに、例えば丸太が投げ込まれたとします。すると、そこに上流から流れてきたゴミが次々と蓄積されていきます。それでも水は流れますが、丸太があるところは詰まってしまいます。もちろん、溜まったゴミは腐っていきます。この場合、丸太を取り除くことで、元の状態に戻ります。水は正常に流れるようになります。簡単なことです。体の場合もバランスが崩れているから、障害を取り除くことで、元へ戻せます。だから悪い部分をメスでえぐり取るということではなくて、障害を除くだけでいいわけです。悪い電気が体のどこかに帯電していて、それを取り除くだけです（正常な代謝、反応停滞状況）」

それから再び、二人一組になって、ディメンションの練習が始まりました。

「まず、施術をする人を決めてください」と、和尚が指示します。会場がざわつきましたが、しばらくするといくつかのペアができました。

「相手に、身体のどこが悪いのかを聞いてください。一人につき五分の時間帯です」

和尚は会場を回りながら、指示を出します。

「手の平を上に向けて、反応があれば、手をぐっと握りしめてください。それから手の力を抜いて、相手の悪い箇所に近づけてください。五センチから一〇センチぐらい患部から離してください。しばらくすると、異変が起きます。痛みや不快感などが解除されます。いろいろな現象が現れます」

和尚がアドバイスを続けます。

「三分ぐらい黙ったまま、そこに手を当てておいてください。手全体を近づけるよりも、指先を近づけるイメージです。尖ったところから〝光量子エネルギー〟が放出されるからです。

光量子エネルギーによる、細胞代謝が活性化、不調により固くかたまり合っている患部の細胞分子構造が崩壊、悪いエネルギー体を体外に排出、放出するイメージです。

それが体内の電子に影響を及ぼすわけです。しばらくすると、温かいものを感じるようになります。最初から温かく感じる人と、そうでない人がいますが、これは体質によって

ディメンションオペの練習

手の平を上に向け、相手の悪い箇所に近づけ、ゆっくりと手を上げ下げする。しばらく続けると、痛みや不快感が消えていく。苦痛の原因が、手の平を通して空間に戻されていくからだ

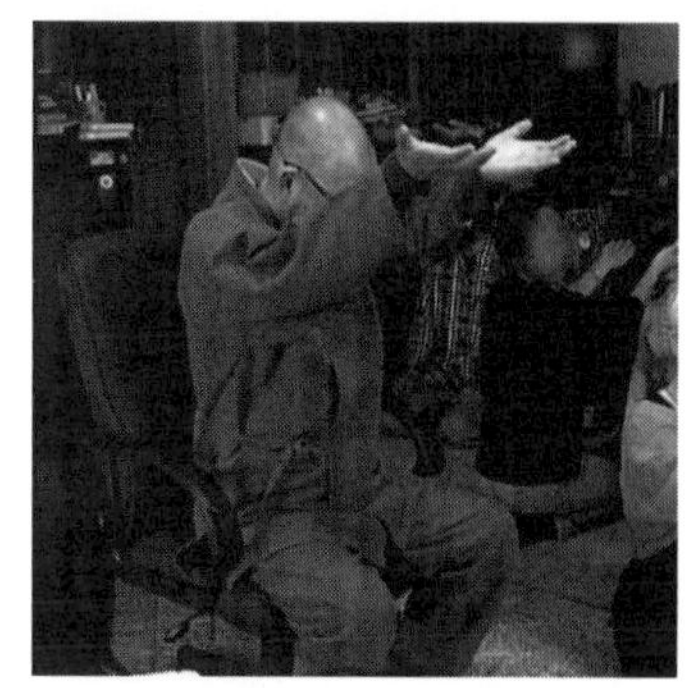

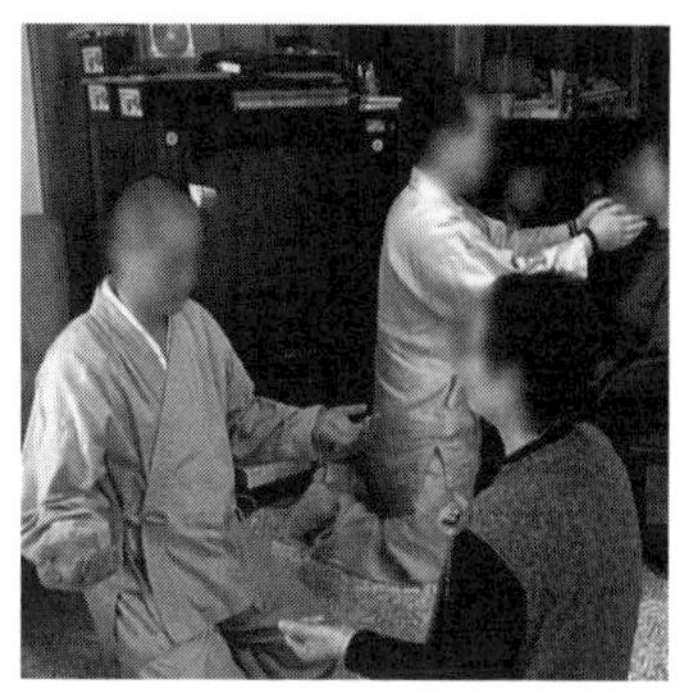

異なります。光量子エネルギーが体内の悪いものを外へ出します。悪いものが外へ出るだけでも、症状が改善します」

和尚のアドバイスが続きます。

「これらのことを、ゆっくりとやってください。すると、何か形のようなものを感じます。そのようにして、ゆっくりと二〇回ぐらい撫で下します。手を上げたり下げたりしていると、相手の生体エネルギー（細胞内にある光量子エネルギー）を感じ取れるようになります。あまり早くやりすぎると、生体エネルギーは感じ取れません。次に手を円状にゆっくりと回します。すると、相手の熱やウエイブを感じるようになります。それに重さも感じるようになります。両手と自分の眉間が三角形になるようにするのがポイントです。そのとき、手の平には神仏の加護が降りてきます。それを両手に握りしめて、被施術者に渡してあげるのです。最後に、それを顔の高さまで持ち上げると、苦痛の原因となっていたものが、手の平を離れて空間へ戻ります。離れていくときに、手の平に何かを感じる人も少なくありません。それを少しでも感じる人は、他人の病気も治せます」

それから和尚は言葉を切って、次のように注意した。

「これは誰にでもできる施術ですが、自慢しないでください」

次に役割を交代して、ディメンションオペの練習は続きました。

その場に集まっている体験施術の皆さんどなたも納得、明るい表情です。

「私にもできた！」

誠に不思議な空間、時間が流れています。

割り箸を使った究極の〝箸療法〟

次に、和尚が開発した箸を使った施術を紹介しましょう。箸で体を刺激して、体の不調を治す方法です。

和尚のもとには、外国から送ってくださいという問い合わせがよくあるそうです。そんなとき、和尚は「竹があるので、自分で作るべきだ」とアドバイスされます。ディメンションオペの場合は、箸を使わなくてもまったく同じことができますが。

品川和尚の指示で、受講者が協力して箸を参加者に配布します。一人に三本です。

「血流を良くすることが、すべての基本です」

和尚がそう前置きし、本題に入りました。

「私が最初に説明しますから、それを真似て皆さんもやってみてください」

頭のてっぺんに垂直に箸を立てる。ここが頭のツボになります。百会（ひゃくえ）と呼ばれる部分です。右足の脛の下、外側にもツボがあります。ここを三里（さんり）といいます。ここは気が溜まる場所です。さらに、左足の親指と、次の指の間にもツボがあります。ここを太衝（たいしょう）といいます。ここは血流が盛んなところです。

「まず、誰かに手伝ってもらって、三里と太衝を箸で押してもらってください」

和尚が指示しました。和尚が被施術者になり、寺のスタッフが箸で、和尚の三里と太衝を押さえました。

「頭のツボは、自分で押さえます。一〇秒間押さえます」

和尚は手本を示すために、箸で自分の頭のツボを押さえました。

和尚が指導しているところを、スマホのビデオに収めている参加者もいます。一〇秒が過ぎると、和尚は「はい、いいです」と言ってから再び説明を続けます。

「少し痛いぐらいに強く押さえます。痛さが足りない場合は、補助をお願いしているパートナーに、もう少し強く押すように指示します。三つのツボが同じ痛さになるように調節します」

"箸療法"のツボの位置

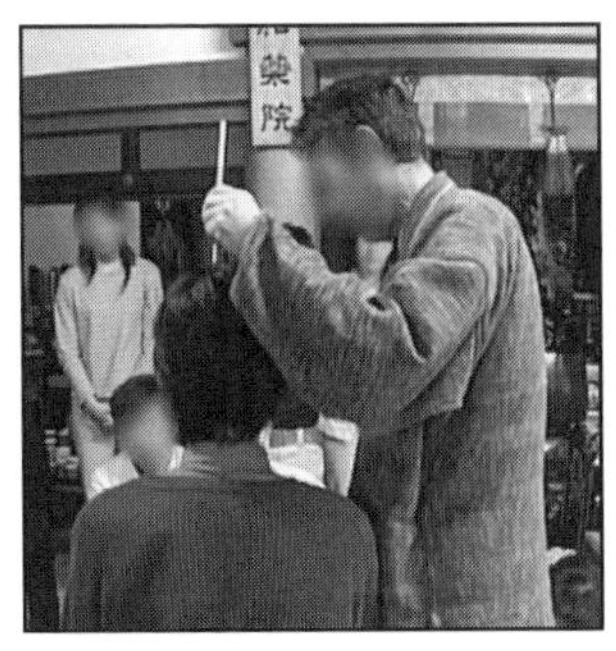

割箸を使ったツボの押さえ方
(百会の場合)

ツボの面に対して直角に当てる。少し痛いぐらいに押さえる。

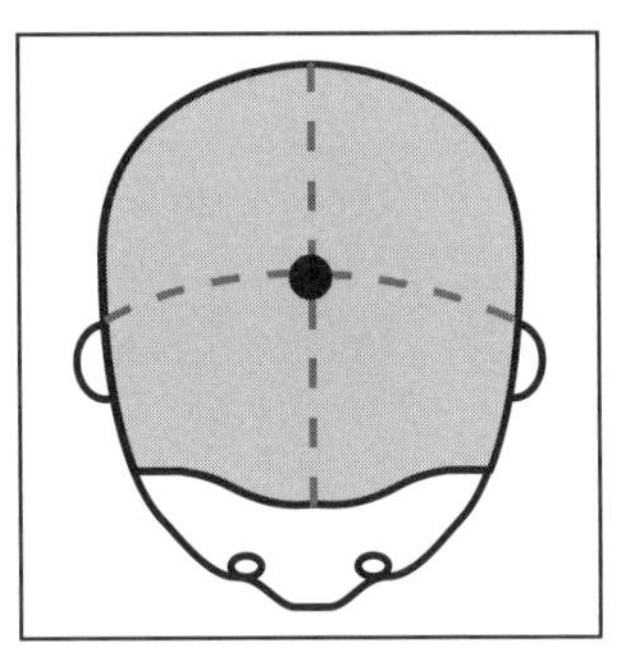

百会

左右の耳の穴を結んだ線と、頭の正中(まん中)を通る線との交点に位置する。

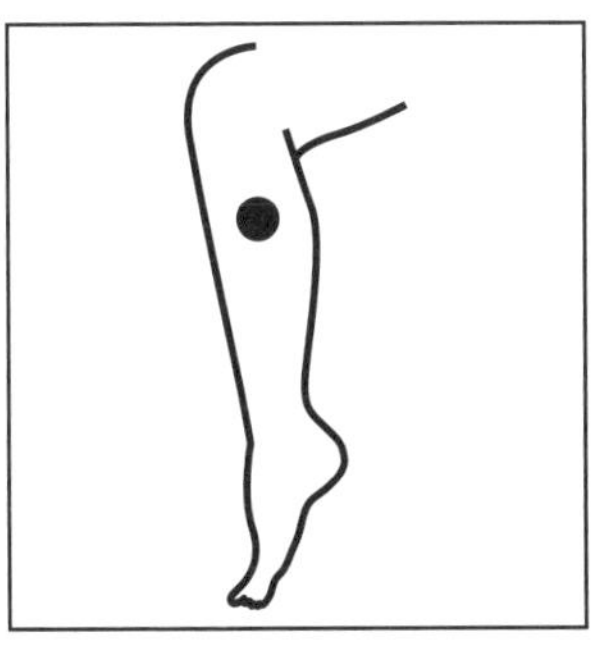

足三里

膝のお皿の下、外側のくぼみに人差し指をおき、そこから指3本分下に位置する。

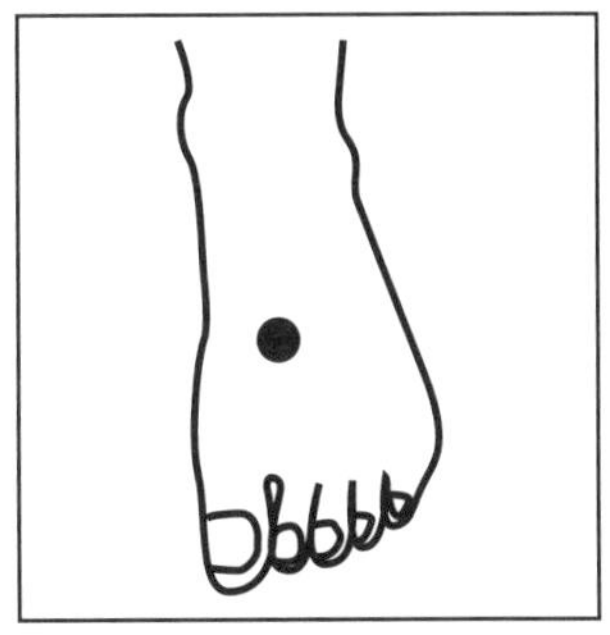

太衝

足の甲で、親指と人差し指の骨の間を足首方向にたどっていったくぼみの位置。

和尚は会場を見渡しました。

「次は、左足の三里と右足の太衝を同じようにして押さえます。これもやはり一〇秒です」

和尚は自分で、一〇からカウントダウンします。終わると、「はい。オーケー」と指示しました。

「これをやると血流が改善します。なかには、顔が赤くなる人もいます。それまで歩けなかった人が歩けるようになることもあります。脳が委縮している人も、そこへ栄養が届くので、改善されます。急に喋り始めたりする。これを毎日、続けていると、三ヵ月から五ヵ月で全快に近い状態で回復します。これを〝箸治療〟といいます」

誰でも縁があれば、お金をかけずに会得することができます。知っている方と、知らない方では大違い。馬鹿にせず、真摯に向き合い実践する方々は、光明を授かります。

ここで参加者を対象とした実践指導が始まりました。三人が一つのグループになり、順番に互いに補助しながら、和尚が説明した三つのツボを箸で押さえていきます。前かがみになっている参加者を見つけると、寺のスタッフが、「真っ直ぐに背を伸ばしてください」と、注意しました。和尚も会場を回って、個別に指導していきます。

和尚が一人の男性の頭に箸を押し当て、パートナーが三里と太衝を押さえます。和尚が一〇秒をカウントします。

「はい、立って歩いてみてください」

男性が歩き始めました。ごく普通の歩行でした。どこにも痛みを連想させるものはありません。

「実際にやってみると、たちまち痛みがよくなるのが実感できます」

次に和尚は、肩の痛みを取り除いてみせました。

「五十肩の人いますか？　腕を上げるのに苦痛を感じている人」

そう和尚が言うと、一人の女性が名乗り出ました。和尚は、肩の近くに二つのツボを探し当てました。その一カ所に箸を当てる。もう一ヵ所は、寺のスタッフが担当します。

二人でツボを押さえ始めると、女性は、「痛い」と言って顔をしかめましたが、そのまま一〇秒ほど耐え続けました。

「はい、手を上げてみてください」

和尚が言うと、女性は肘を回すようにして、腕を上げました。そして不思議そうに、「あれ」と言いました。痛みを感じなくなっていたようです。

「全然痛くない」

女性は、何度も自分で腕を上げ下げしました。

和尚は一同に、ツボの場所を説明しました。一つの腕と胴体の関節付近の外側で、もう一つは肩の側面です。このツボを押さえるだけで、それまで腕が上がらなかった人が、簡単に腕を上げることができたのです。

このように、症状によってツボの位置は異なりますが、基本は、頭と脛、それに足の指にあるツボです。

仏教医学に基づいた施術は、高い効果を上げます。病院で薬を飲むまでもなく、体調を改善することができるのです。「自分で身体を治す！」が、実践道場が主意なのです。

お寺の本堂、入り口の上に掲げられた「仏法医術修養道場」、まさしく紛れもない事実の世界です。

また、和尚は自分の寺に限らず、自らも外に出て同様の施術会を開いてきた経緯があります。苦しんでいる人々に自らの手で救済にあたり、かつありがたい説話をしている姿は、まさに「現代の生き仏」のようです。

縁があって、こうした場に巡り合った方々、筆者はもちろん、本当に「よかった」と思っているわけです。何事にも対価がついて回る現代社会、西洋文明、飛鳥の時代に蘇る療養院の存在、知る人ぞ知る現実が、ここにあるのです。

畏敬、三〇〇〇年の時空を超えた語らい

さて、本章は品川和尚の施術の様子を収めたDVD画像よりそのまま音源を文章化、紙上再現して、ご案内しています。ライブ映像であり、実際、文字起こしをすると少し状況が分かりづらい箇所があったかもしれません。ライブ盤でありご了承ください。

こうした施術現場ですが、お伝えしているように、和尚は施術しながらその対象者の方とも、身体の具合や日常の調子など、世間話の感覚でやりとり、つまり会話をしています。仏教医術では、後ほど触れますが、問診とされるものです。

そこで、ある施術対象者との会話から、驚愕の内容を語り合った場面が、一瞬、採録されました。年配の女性の方で、肩から背中にかけてズキズキした痛みがなかなか取れないということでした。和尚が後ろに回り、気功施術をしながら話かけます。

和尚が尋ねます。

「これは、ずいぶんと前の傷だね、槍のようなもので刺されたね。よう我慢していたね。五〇〇年前くらいかな」

女性が答えます。か細い声ながら、はっきりと……。

「三〇〇〇年前」

ひと言でした。和尚が続けます。

「川ひとつおいて、バシッとなっていた。すごかった」

（川とはあの世の川、のことなのでしょうか？　三途の川？）

施術の場、本堂には、ご案内のように大勢の方が集まり、それぞれが自分の身体や隣合わせの方々と語り合いながら、和尚の施術を受けるのを待っています。雰囲気的には、和やかな雑談会のようです。つまり、ほとんどの方は、施術の状況は見えるのですが、対象者と和尚の会話は分かりません。会話が聞こえるのは、すぐ傍らの二、三名の方でしょう。たまたま、その時ビデオカメラを回していたため、同時に音声も収録されたわけで、しかも和尚は表情も変えずに、ごくごく普段の穏やかなトーンで声を掛けています。

女性の口から出た言葉、三〇〇〇年前とは？　和尚は、一体誰と話していたのでしょう。

そして、その場は、施術が終ったということで終わっています。女性の様子は、施術前とまったく同じ、自分が三〇〇〇年前と言ったことも分かっていないように見受けました。そばにいた方も、穏やかな口調のやり取りで、冗談話と思ったことでしょう。

筆者はちょうどその場に居合わせなかったため、後日、そのDVDを視聴、さっそく和尚に真意をお聞きしたわけです。やりとりが事実である以上、三〇〇〇年前のどなたかとの語らいということになります。そんなことが、あるのでしょうか。

和尚曰く、気配を感じたので聞いてみたとのこと。内容が内容なので、それ以上、お話はありませんでした。また、筆者も畏れ入り、その先をお聞きする気も起こりませんでした。立ち入るべき世界とは、決して考えられなかったわけです。

仏教の世界では、輪廻転生の教義があります。俗界の私たちには、計り知れない荘厳、畏敬の世界であり、そうした世界は知る由もありません。また、それでいいのではないでしょうか。日進月歩の科学の発展も、いまだ遠く及びません。

さて、本章では、実際の品川和尚の施術の場を再現ご案内したつもりです。それでも、和尚の足跡からすれば、たった一万分の一程度のものでしかありません。世の中の常識とはかけ離れた世界かもしれません。でも、真実の世界なのです。

ちなみに、本書で紹介のＤＶＤや第四章の寺子屋勉強会等のＣＤの映像・音源はそれぞれ https://www.youtube.com/@terakoya.shinriokataru/ https://terakoya.base.ec/ でご案内申し上げます。

第三章 仏教と光量子物理学は表裏一体

——品川和尚の施術の奥義とは何か⁉

仏教が説く、「量子場」こそが命のふるさと

来迎寺の住職である品川和尚の施術の奥義とは何か？

この問いの答えを一口で説明することは難解な作業です。

しかし、「これは？」というヒントになる要素がいくつかあるので、それを順番にご案内していきましょう。

まず、第一に仏教を通した「仏教医学」の視点です。

施薬院・療養院では、「睡眠」「栄養」「衛生」という、今でもまったく当たり前のことを忠実に実行する――これを、その基本的な精神として実践してきたわけです。

睡眠は、誠に尊いことです。仏教医学は、睡眠を最重視します。すべてはこの睡眠に帰結するほど、治療の重要な要素なのです。

そこで、〝眠る〟ということについて、もっと踏み込んで考えてみましょう。

仏教医学の観点からいえば、病気とは体の変化、すなわち物質の変化のことです。病気になるということは、体を形づくっている物質に変化が起こることを意味します。

物質のミクロの限界は、原子・分子・素粒子、つまり量子の世界です。最先端の量子物理学をもってしても、私たち一般人にとっては、なかなかイメージすることができない難解な世界です。

そこで、仏教では、いきなり物質の世界に踏み込むことは避けます。そして、意識の前提となっている如来の本願（真物の意思）とは何か、をより根源的なものとして説きます。

私たちは、生ある時は、物質の世界でのみ生活しています。それを超えた世界については考えません。物質の世界が具現化されたものが肉体であり、その肉体には意識・血流・内分泌・免疫という四大要素が宿っています。これらの要素の根底には、ミクロの「量子の世界」があり、実は、それによって肉体が成り立っているわけですが、これについてはあまり考えることはせず、あるがままに受け入れています。

科学的な表現をすれば、肉体は原子・分子・細胞の結合体ということになりますが、体を正常にコントロールしているのはそれだけではありません。実際、ミクロレベルの量子の歪みは、「四大不調」として現れます。それが病気なのです。

専門的になりますが、人体はまるで小宇宙のように、その極小レベルの原子・分子の世界であり、一〇のマイナス四〇乗ともいわれる超ミクロの世界です。つまり、極小の素粒子の集合体から成り立っているのです。科学用語でいえば「量子場」の世界です。

生あるもの、それが尽きればやがては灰となり、無の世界に還ります。無とは何もない光の世界、つまり量子場の宇宙観・世界観なのです。

仏教では、こうした量子場こそが生命のふるさとであり、その超ミクロの光振動エネルギーの海（修行する無限の菩薩たちの存在する場）を司るのが、仏・如来、つまり基本素粒子、と説いています。これについては、日本ＷｅＰ流通ホームページ「寺子屋勉強会」ユーチューブでもご案内しています。

無意識の睡眠がつくる健康な体

では、〝よく眠る〟ということとはどういうことなのか、考えてみましょう。

結論を先に言えば、よく眠るということは、より深い眠り、何もない光の世界、無意識

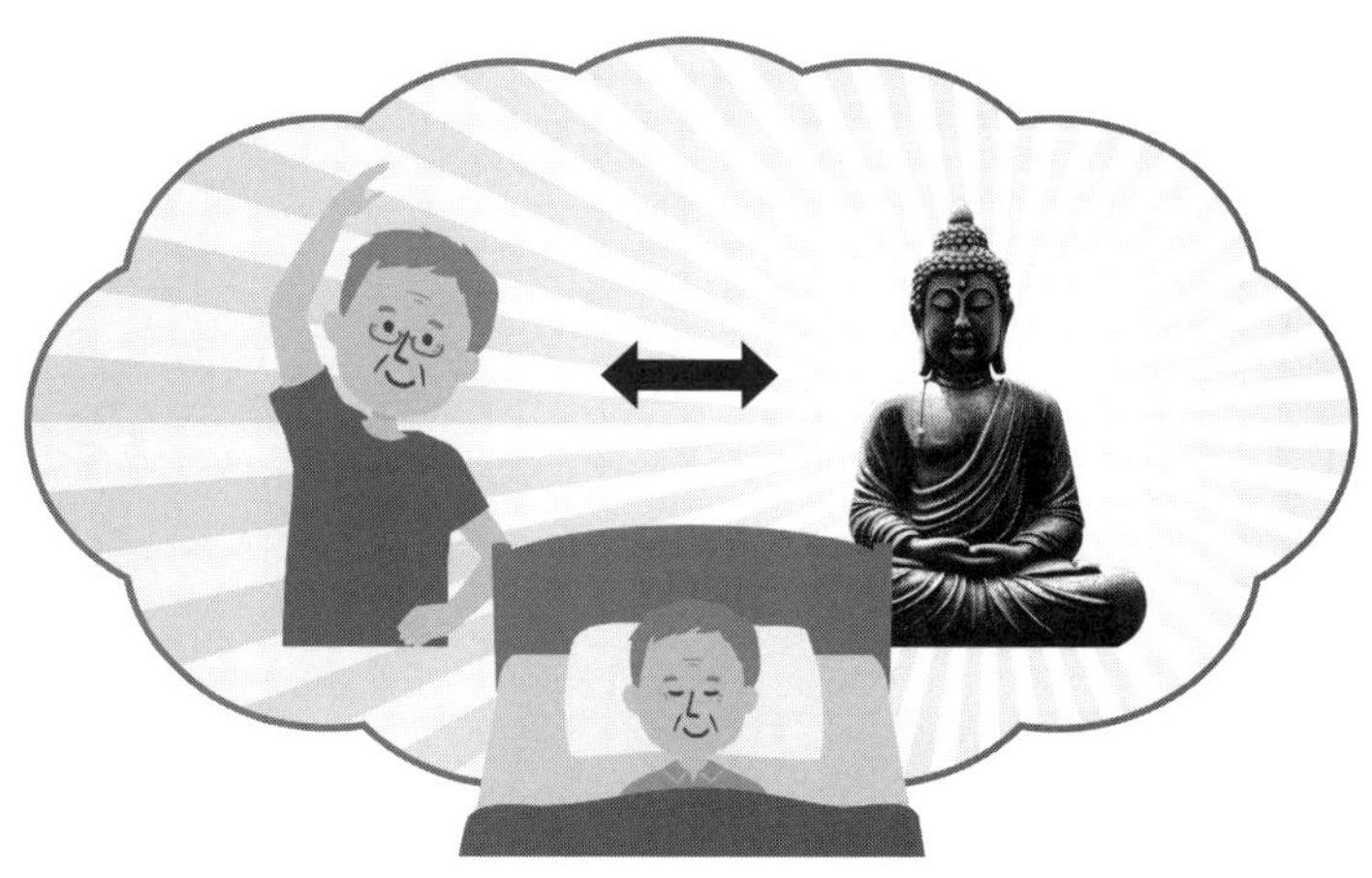

無我の睡眠こそ、光量子たる菩薩の往来（反応）。電子・素粒子といった超ミクロの物質の元たる光量子（菩薩たち）が、自由自在に往来できる場を睡眠として捉えている。

の世界に入ることを意味します。それこそが、病気を治す秘訣です。

ところが、今の病院では、入院中の患者さんを定時の検査と称し、わざわざ起こし、睡眠を妨げています。そんな光景を目にすることがよくあります。

仏教医学の観点で言えば、睡眠状態の時に検査をすることなどはもってのほかです。睡眠の本当の尊さを理解していないのでしょうか。

無意識の世界、つまり熟睡している状態は、極めて大切な時なのです。よく「免疫を上げる！」という言葉を聞きますが、病気に打ち勝つ強い体とは、この無意識の睡眠から産み出されるものなのです。

苦難修行による瞑想などにより、無意識の状態を自分のものにできる「大聖人」とは違い、私たち凡人が無意識の世界に入るのは至難の技です。私たちがありがたい無意識の世界に入るためには、深い睡眠しかありません。深い睡眠により、母なる胎内にいるのと同じ状態に自分を置くことができるのです。

ちなみに、品川和尚のお寺にある簡易式の温風照射器機は、人為的にこうした状況に至るように設計されているといいます。

心身の状態を把握する「望診」こそ仏教医学の核心

仏教医学では、まず患者さんの治療にあたっては「望診」することがとても重要です。

患者さんから出ている「気」のエネルギーの状態、髪の毛のツヤ、皮膚の色・潤い状態、舌の滑らかさ、息の臭い、声の張りなど、体全体の状況を診ます。心身の状態を把握するこの望診こそ、仏教医学の手法の九〇パーセントを占めるといっても過言ではありません。極めて重要なプロセスなのです。

今の病院では、まず検査をして、データやTVモニターを見て診断を下します。肝心の患者さんは、ロクに診ないのが実体ではないでしょうか。

定期的に通院しているかかりつけの医師であれば、こうした医療でも納得できますが、初対面の患者については、全体像を把握する必要があります。データ以前に、患者さんには、肉体があり、心が宿っているからです。品川和尚は、訪れた皆さん人一人一人に対して、必ずこのプロセスを実践されています。

望診を経たあと、次に「問診」をします。

問診では、患者さんから時間をかけて聞き取りをします。どういう痛みがあり、悩みがあるのか、ストレスはあるか、などについて、十分に語り合うのです。

このプロセスは、とても大切です。語り合うことで、患者さんは自分の心配を話せます。たったこれだけのことで、大きな「安心」を得ることができます。

コミュニケーションは大切です。職場や家庭でも、自分の考えを聞いてくれる上司や取引先、友人や家族などがいると、心が癒されます。結果はともかく、自分の存在というものに〝安心〟が湧いてくるはずです。

それが自信につながるのです。品川和尚もそのことを自覚しているから、皆さんが集まっている施術の場に出て来て、たわいもない雑談で皆さんを和ませるのです。

すべてとは言いませんが、医師の診察を受け、症状を聞いた患者が途端に生気を失っていく、という例も耳にします。「自分の病気はそんなに悪いのか……」と思ってしまうのでしょう。まして、入院してベッドに寝かされたままでいれば、そうした想いが湧いてきても不思議ではありません。

そもそも免疫を司る体内のキラー細胞を作動させるには、「大丈夫」という前向きな意識が重要です。「オレの出番だ、頑張るぞ」と意識づけする……。「病は気から」という言葉には、それなりに意味があるのです。

仏教医学の治療の基本要素は、この「望診」「問診」「安心」という、三つのシン、三心（真）にあるといっていいでしょう。私たちの肉体・物質は、量子の世界にあるという話は前述の通りですが、物質とは私たちの世界にある空間と時間のことです。

そして、そうしたものがたたみ込まれている空間の世界こそが、「量子の世界」とも言えます（ちょっと難かしいかもしれませんので、あとでまた解説します）。

ところで、仏教観では、物質のことを「色」と表現します。「色即是空」という言葉もあります。そして、物質とは、結局なにもない空・無の世界のように考えますが、そこには最極小の物質が無限に広がっているのです。それが量子場、「菩薩エネルギーの場」なのです。

つまり、如来の意思、神仏の意思は、そうした何もない空の中に、秩序をもって存在します。それ故、そこから派生する量子の歪みが病気であると、仏教医学は説いています。

量子とは、遠く離れた宇宙から飛来して来る素粒子、ニュートリノ、宇宙線などではなく、最も身近な、自分自身の体内に存在しています。品川和尚は、そんなふうに説いています。まさに、「人体小宇宙」の譬え通りです。

繰り返しになりますが、こうした量子と肉体のパスポートとなっているものこそが睡眠なのです。とりわけ、深い睡眠が重要です（光量子エネルギー、菩薩エネルギーの海を体現！）。

「暗黒エネルギー場」は「菩薩エネルギー場」

病気になっている体の部分は、細胞代謝の概念で促えれば、生体電流・磁気の流れに異常を起こしている状態ともいえます。別の専門的な表現をすれば、量子レベルにある頭の中（脳）の電気回路の異常です。

そこで、回路の流れを元通りに修復することがとても大切です。回路が止まっているところに再び微弱な電気を通せば、代謝機能も正常化するわけです。

そのためには、私たちが生を受けた原点、すなわち無意識の状態〝睡眠〟を重視する必要があります。それが自然な療法なのです。

小さな赤ちゃんは、一晩に一〇〇回程度、寝返りを打つと言われています。実は、寝返りを打つことによって、その体の歪みを自然に矯正しているのです。

こうした仏教医学の考え方の根底には、仏教思想の「生・老・病・死」があります。こうした現実を受け入れた上で、人間の肉体は「意識」「血流」「内分泌」「免疫」から構成されていると捉え、体の不調は、これら四要素の歪みから出たものとする思考形態がありま す。

ですから、赤ちゃんはそれを矯正するために寝返りを打つのです。それほど、仏教医学では、無意識の睡眠というものを重要視しているのです。

第二章でご案内した和尚の施術にも、体の歪みを矯正する場面がありました。歪みを見つけ出し、それを正常に戻すという、施術の極意が和尚にあるのです。

繰り返しになりますが、如来・神仏の意思を「仏」と言い、量子の世界を「菩薩」と言い、物質を「ヒト」（肉体）と言い換えます。この三位一体なる空間を自由に往来できるのが、無意識の世界なのです。

実は、最先端の量子物理の理論である、「超ひも理論」も、まさにこうしたステージがピッタリ符号する理論体系です。確定されている「素粒子は仏」、つまり「暗黒物質」であり、そして新たな素粒子を産み出すための「暗黒エネルギー場」を「菩薩エネルギー場」と表現しているように思えます。仏教も先端量子物理学にして、まさに表裏一体！ です。驚きですね。

さらに、こうした考えは、紀元前五世紀前後のギリシャ神話が原点とも言われています。思想的に発展していったのがヘレニズム文化であり、キリスト教とともに宇宙観・世界観など、西欧の中世から近代の世界では、精神的源流として大きな影響を与えたという見方があります。

そして、思想の原点となったのが、プラトンの「イデア論」であるように思えます。極めて雑駁な要約をすれば、この世には永遠不滅の「イデア」が絶対真理として存在しているのです。

「イデア」を語るときは、天界にある「魂」の存在が欠かせず、その追求のために、人は輪廻転生を繰り返すとする考えです。これは、人間の存在を宇宙への関連のなかで捉える思考体系です。壮大な宇宙論でもあります。元々は神話的な宇宙論だったものが、哲学としての宇宙観へと理論的ロジックとして進化したものです（自然哲学の誕生）。

こうしたギリシャ哲学は、その後も、さまざまな観点から収斂がされ、現在では一般的な宇宙の概念を原子論を通じて認識するようになったのです。

（あまりに膨大な歴史、思想の変遷であり、ご興味のある方は関連出版図書も出ているようなので、そちらでご確認ください。）

量子物理学も仏教もはるか数千年前からの真理

仏教に通ずる霊魂の概念が、古代からのギリシャ哲学にその源流があったことは驚きです。しかも、そうした誠に難解なギリシャ哲学を「研究の礎」としていたのが、後ほどご紹介する和尚の師、山本空外上人その人なのです。

純粋幾何学的な世界観を導き出していたプラトン派のこうした学説は、人間社会に台頭する支配層からは不都合とされ、その研究の多くは焚書として葬られたとのことです。絶対的な王や指導者からすると、自分を超越、支配する神の存在は不都合！　誠に残念！しかしながら、そうした人間的思想哲学の真髄は、誠にありがたいことに、東洋の仏教のお釈迦様の悟りの世界として綿綿と続いているのです。

つまり、最先端の量子物理学も、仏教も、その発祥は、まさに「表裏一体」で、はるか数千年前の真理です。その入り口に、ようやく差し掛かった段階だと思わざるを得ません。

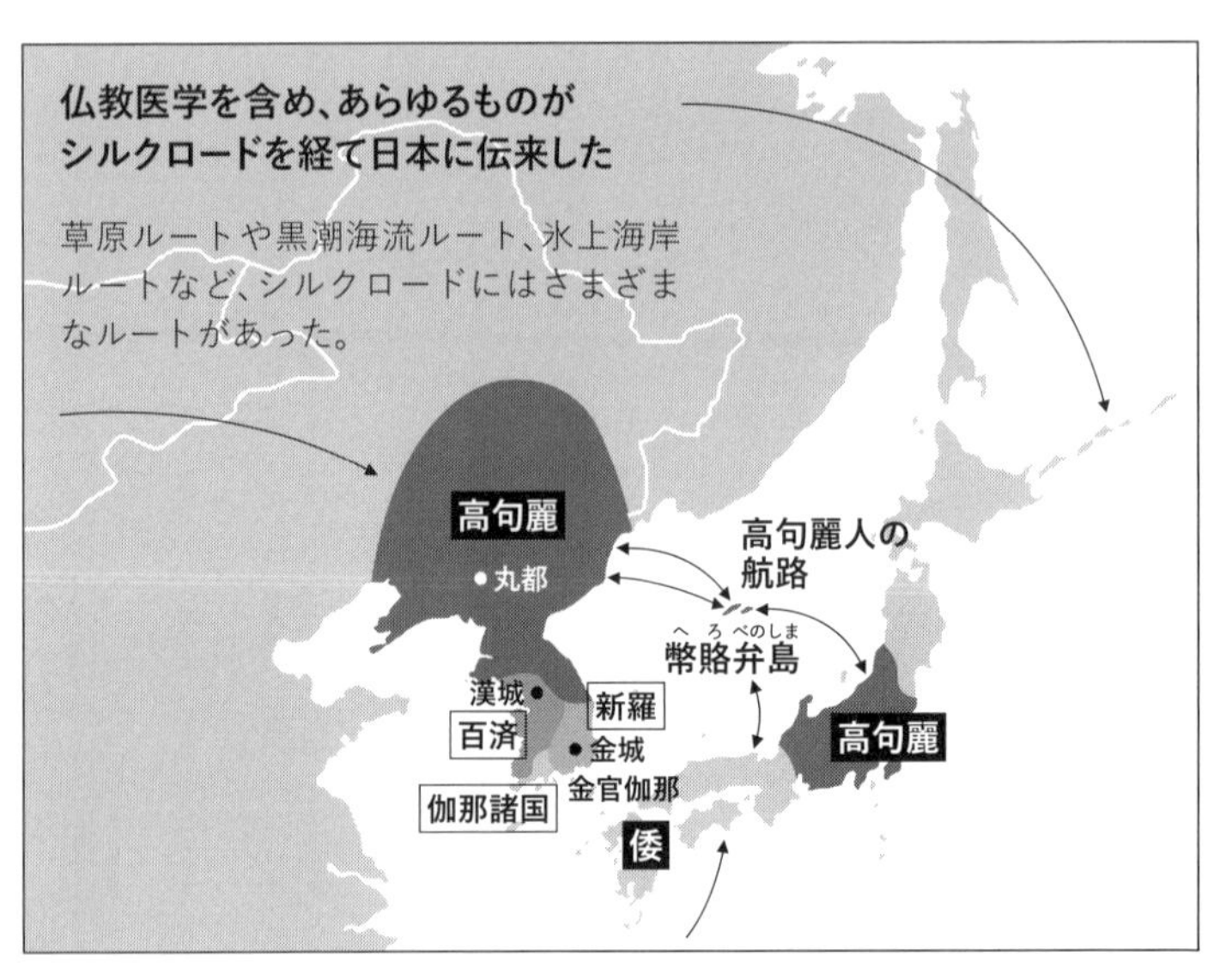

そもそも日本には、歴史上シルクロードを経ていろいろな医学が混合して伝来します。薬といえども、最後は日本で、日本人が日本人に適合するようにつくり出していったのです。そして、それらを日本人が日本人なりに独自に改良してきたことを考えると、ここまでが漢方、ここまでが仏教医学という区切りをつける必要もないわけです。

こうした方法こそが、東洋的な考えの素晴らしいところです。西洋のように、むやみに区分けするのではなく、いいものをどんどん受け入れながら、全体的に品質を高めていくという考えです。これが日本の伝統的な価値観ではないかとも思います。

例えばお灸といえば、薬草の藻草によるものですが、このルーツは遊牧のモンゴルです。もともとは、馬が元気がなくなった際に施していたものです。人間も同じように背中に灸をすると、グンと元気になることが分かりました。それが始まりです。モンゴルの風習が出発点にあるわけです。

インドには、古くから「山川草木ことごとく仏性あり」と言われる如く、「神は石の中に眠り、植物の中で息づき、動物の中で夢を見、人の中で覚醒する」という格言もあります。「すべての中に量子・菩薩があり、その中に核・仏がある！」という考え方です。つまり、私たちには凝縮されたシルクロードからの、こうした知恵もあるわけです。

仏教医学は、こうした歴史上のいろいろなものが絡み合って出来上がっているのです。

例えば、ソロモンの没薬（ミネラルの意味）は一六〇〇種類もあったといわれており、それが長い年月と幾多のルートを経て、中国から日本へと伝わって来ているのです。

お釈迦様も「栄養」「衛生」という観点から、睡眠を含めた仏教哲学の重要性を説かれています。和尚によれば、二五〇〇年前の古代インドにも、すでに病院は存在していたそうです。驚きです。

和尚の気功の原点は絶対的エネルギー場・量子場

次に、先のシルクロードからの伝播として伝えられたインド・アーユルヴェーダに代表される、人間の生命誕生と密接に関わっている「光量子」の世界について、もう少し触れてみましょう。

お釈迦様の悟られた宇宙観とは、あらゆる物質の「根源の場」を柱としたものです。それは、光の世界にほかなりません。先ほどご案内の絶対的なエネルギー場であり、光と超微弱な振動エネルギー（周波数）に満ちた世界です。学術的に促えれば、先の暗黒物質・暗黒エネルギー、超ひもの宇宙観です。それは、今現在は言うまでもなく、これから先も重要な研究分野である先端量子物理学の世界です。

実はこうした領域こそ、和尚の気功施術の原点にほかなりません。

例えば、人間が光の固まりという観点で促えるには、次のような方法で体から出ている光を見る必要があります。

背景が黒い場所で、目を半眼、薄目にして、手をかざしてみてください。すると、指の

品川和尚の指先から放射される光の筋。これが病を癒す根源だ。

先から放射上に光が伸びているのが分かります。これは、誰にでもできる光を知覚する方法です。

修行を積んだお坊さんや、生まれながら鋭い感度や感覚を持ち合わせた方は、頭の上から光が発せられているのが見えます。仏像の背にある光背です。人間の体の中でもまったく同じことが起きていて、病や不調に陥った状態では、こうした光が乱れます。気の流れが、停滞している状態とも言えます。

こんなときに、気功を通して健康状態にある光エネルギーを送り込めば、元の流れを回復させることができます。気功のイメージとは、こういうものにほかなりません。品川和尚のような超過酷な荒行・苦行で会得した本物の気功師のなせる技です。岸辺近くの川の流れが、ドロドロした渦を巻いて停滞している状況を見かけることがよくあります。溜まっている泥やゴミをすくうと、清らかな本流の勢いのある流れに戻ります。これが気功のイメージなのです。

ただし、そのわずかなエネルギーの流れを察知するには、卓越した修行が必要です。一般凡人には、及ぶところではありません。つまり、和尚の指先は、そうした光エネルギーのセンサー、あるいは探索装置、さらにレーダーにもなっているわけです。

そして、ありがたいことに、品川和尚のお寺では、縁ある人たちに、その光量子エネルギーを凡人でも操れるよう、和尚が直接、教えているのです。

和尚の指先から照射される光は、相手の患部にピンポイントで注ぎ込まれます。機械的にアバウトで照射されるものとは、もちろん精密さが違うわけです。

体の患部をメスで切ったり、突いたりする西洋的医学と異なり、こうした光振動エネルギーを原点とした東洋医学も、最近、注目され始めているのもうなずけるわけです。昨今ようやく、がん治療にこうした光量子エネルギー照射治療が取り入れられるようにもなりました。早く精度を上げてもらいたいと願わずにはいられません。インターネットでも公開されているようです。

あらためて言うまでもなく、筆者がこうした世界に触れるようになったのも、品川和尚に師事してきた経緯がベースにあることは言うに及びません。

「生命環境に良い水」をつくり出す活水器

ところで筆者は、若い時代に食品販売のスーパーでキャリアを積んだ経験から、野菜や果物などの農産物のフィールドに興味がありました。当然、農作物には、「水」が不可欠であり、必然的に水に興味をもっていました。

ある時、和尚から「生命環境に良い水」の話を聞きました。「活性水」というフィールドについて、訓話・示唆を受ける機会がありました（折しも巷では、そうした「活性水」フィールドでは、怪しげなものも市場化されており、誠に憂うべき状況がありました）。

筆者は、寝ても覚めても必死で、「活性水」を追い求めました。お蔭様で、大学研究室の先生方の協同・協力を得て、ロジック解明できました。研究論文も発表して、それなりの

分子振動活性装置の効果

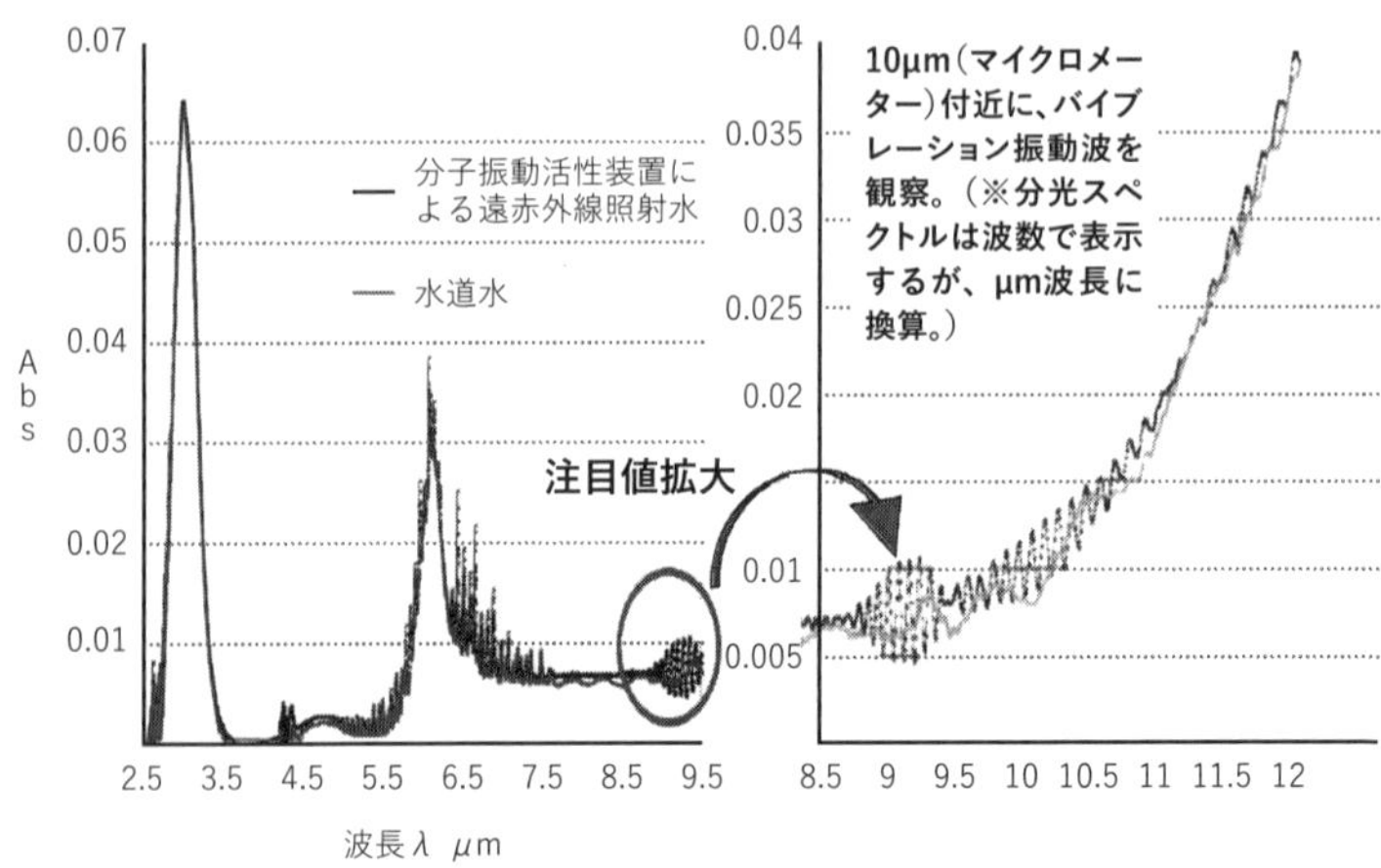

育成光波長帯は高いエネルギー吸収が実現している。

成果もあったと自負しております。

「農産物に良い水とは？」「吸収性の高い水とは？」それらは、すべて水分子の挙動に関係したことです。通常の水分子より動きが早い？　熱を加えずに温度上昇時の水分子の動きは可能なのか？　亜臨界水の状態になれば可能！　学術的には、そうしたことを可能にするには、生命環境に必須の近赤外線波長（育成光線）の介在が不可欠！

そもそも、水の分子のオーダーは一ミリメートルの一〇〇〇万分の三以下、〇・二七ナノメーターの極小サイズです。しかも、一秒間に一〇〇〇兆回という超高速回転スピードで絶えず変化変成する、

水分子の酸素原子間距離

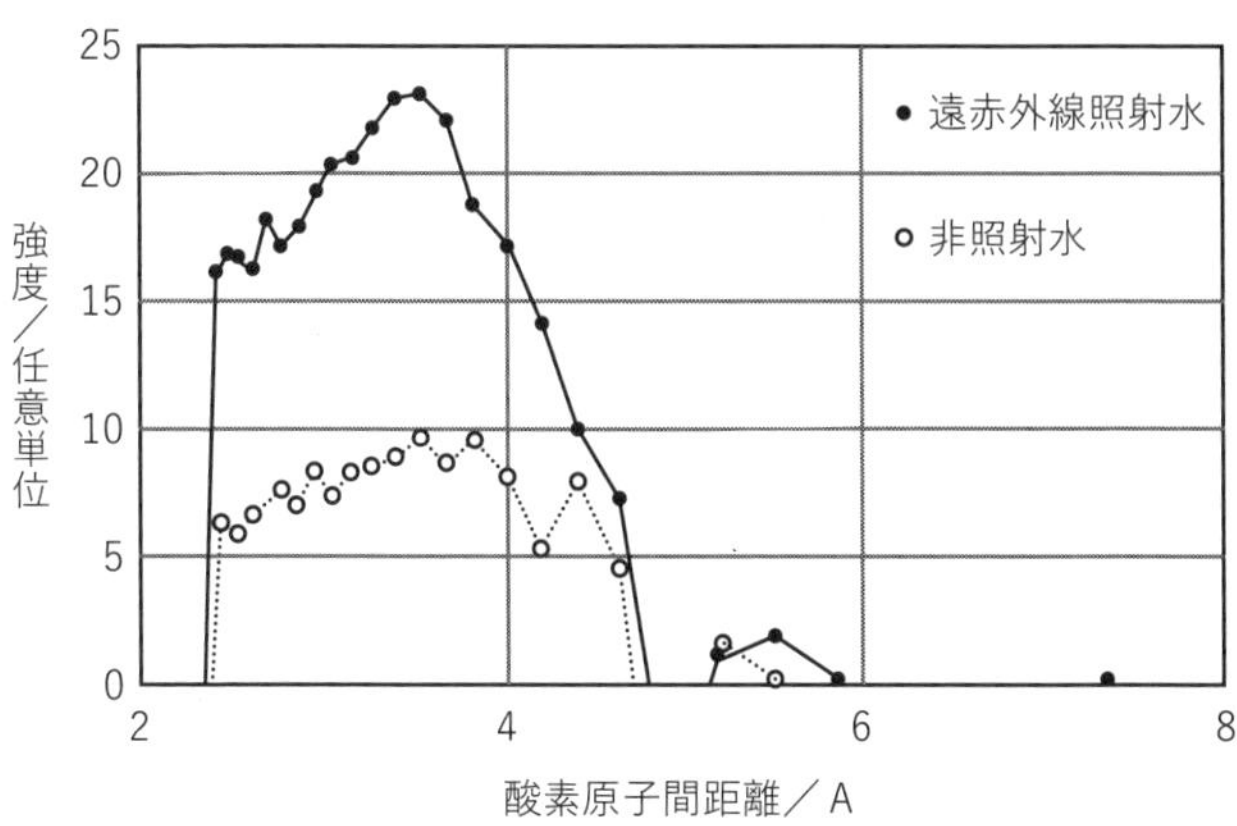

前ページのグラフから計算した分子同士の
酸素原子間距離の遠赤外線照射による変化。

不可逆の世界です。

実は、和尚が開発した活水器から照射される量子振動エネルギー波は、和尚の手から出ている気功エネルギーと同じレベル領域のものです。自然界からその照射物を見つけ出し、活水器に内蔵することができたのも和尚の知恵のお蔭なのです。

昨今、疑似製品を作って、「我こそは本物の活水器」などと称している人々の製品案内を目にしますが、誠に恥ずかしい限りです。そもそも超高速回転でつながり合っている水分子のチェーン・クラスターを、同じ状態で再現することは不可能です。これは、絶えず変化する不可逆の世界です。

結果的に、筆者は、すでに水分子の試作品を製造・設計していた和尚から、その知恵を教えていただき、開発に着手することになった訳です（活水器の開発内容については、日本WeP流通ホームページ「水と環境PJ」で詳細をご案内しています）。

実際、こうした活性水を取り入れ、メロンと同じ糖度一八度を超える「南瓜」を栽培したり（NHKTV全国放送）、養豚場の飲み水を豚に飲ませ、細胞レベルがよりキメ細かく均一化した状態で生育した豚肉でハム・ソーセージをつくったり、欧州の発表会で最高の金賞を授かった養豚メーカーも出たりしています。

ご縁があった農家さんの協力で、その活用効果について日本全国で語り合うこともできました。その回数は、数百回にも及びます。

そもそも、「生命環境に良い水」の発想は、たまたま薬師如来を紹介するテレビ番組を観たことです。その時、突然に如来像が日光菩薩・月光菩薩を左右対称に従えた姿を連想しました。自分にとっては、それが水の分子の形に映ったのです。

中心に位置している薬師如来が、水のH_2Oに当たるO酸素の部分で、左右対称にある菩薩のお体がH_2、水素の部分に見えたのです。つまり、これはH_2O水分子そのものです。

薬師如来は「病気を治す仏様」です。生命に必須の水、〝水分子〟としてお姿を現わしたのではないかと思いました。ほんの一瞬のことでしたが、筆者にはとても長い時間にも思えました。

その頃は、朝から晩まで「水分子！」、夢か現か「水分子」？——どうすれば、そのミクロの世界に入れるのか？

仕事をしていても、何をしていても、頭の中はいつもこの難問との闘いでした。今考えても、不思議な時期でした。

常識では、なんとも説明のしようがありませんが、実際に、テレビ画面で薬師如来がH_2Oに見えたわけですから、他に説明しようがありません。周囲の人にこの話をしても、認知症の始まり、ボケ老人とからかわれるに違いありません。しかし、これは恐らく仏様のお導きではなかったかと思っているわけです。

しかし、世間はそんなふうには受け止めません。オカルト教団がはびこっている背景もありました。正当な宗教の世界では、究極を求めて一心に修行することで得られるものが、オカネさえ出せばすぐに手に入るという悪徳宗教団体が後を絶ちません。これらの宗教団体が、人間の弱味、不幸に付け入る土壌もあります。

確かに、宗教の土壌ということについて言えば、年に一度のお正月の初詣で、すべての願いが叶う！　というような「善良な日本人」の姿も一般化しています。年に一度にしても、日本にはこうした伝統、風習もあります。

しかし、それにしても、筆者があまりにも突飛に薬師如来と水のH２Oを結び付けたのですから、周囲の人々から変な目で見られたのです。健全な宗教ではなく、悪徳宗教の影響であるかのような誤解を受けたのではないかと思います。

しかし、これが「生命環境に良い水」を生む原点でした。

すでに述べたように、開発は成功して国際的組織「国連」の関係部署からオファーもありました。どこから情報を得たのかは不明です。しかし、インターナショナルな世界なので、自分一人では手に負えないと考えて協力をお断わりました。「分相応」の譬えもありますが、国際協力は自分には負担が大きすぎると思ったのです。

繰り返しになりますが、「生命環境に良い水」をつくり出せたのは、ひとえに和尚自らが開発した技術のおかげです。今はともかくとして、将来は世の中の役に立つようになればいいなと願っております。誠にありがたいかぎりです。

品川和尚が師事した巨星、山本空外上人

「生命環境に良い水」の開発を通じ不思議な世界を体現してからは、和尚が師事された「山本空外上人」についても、その教えを学ぶ機会を得ました。

山本空外の自然感、生命と仏の宇宙観、さらには量子物理との相関性を勉強する機会をいただいたのです。そのことに対して、今は本当にありがたいと思っております。

（仏教と量子物理の相関関係については、次の章で別途和尚にも伺ってみたいと思います。）

ここでは、和尚が師事された「山本空外上人」について触れてみます。

まずは、巨椎山人著『続　不信へのお誘い』（現代書林）から、以下に一部引用させていただきます（一部表記統一）。

日本が世界に誇り得るただ一人の哲学者山本空外先生。

フッサール、ベルクソン、ハイデッガー、ヤスパース、ホフマン、サルトル、ジルソン等々に直接親交があり、あるいは起居をともにし、あるいは夜を徹して論じあった哲学者は空外先生をおいて他にいない。先生の「各々性」の哲学が欧米思想家の注視の的となっているのも当然である。

ルネッサンスの創始者ニコラス・クザンスの五〇〇年記念特集哲学誌の中に、空外先生の講演論文が掲載され絶賛を博しているが、実はその論文は、約七〇年前、先生の在独時代に特別講演されたものが原文（独語）そのまま載録されたものである。この一事をもってしても、哲学者空外先生の名は世界に冠たるものであることが察せられるのである。

先生は三〇歳にしてすでに書道及び哲学博士の称号を得られ、迷と悟との分水嶺を踏破しようと試みられて七〇年、遂には書聖と謳われるに至っている。石橋犀水をはじめ宮中ご進講の書家は必ず先生の門を敲いた者に限られるという不文律があるほどである。最初に原子爆弾を開発した米国の物理学者オッペンハイマーは、先生の書を見て「東洋の点は動く」と驚嘆した。

詩人の坂本真民は「先生の字からは音が出ている」と感嘆し、前記の犀水は「脱俗」高雅の『一者の書』を拝観するは人生無上の歓喜」としている。レーガン前大統領が「大自然の妙有に生きる東洋の大哲人」と礼賛し、先生の書を懇願入手した話は有名である。

山本空外　略歴

空外（本名・幹夫）先生は哲学者、浄土宗僧侶、書家として有名である。先生は一九〇二年生まれ、東京大学文学部哲学科卒。一九二九年広島文理科大学助教授で欧米に留学。二年半のヨーロッパ留学にフッサール、ハイデッガー、ヤスパース等西洋哲学権威と親交。一九三五年、三二歳にして東京大学で『哲学体系構成の二途　プローティーノス解釈試論』により文学博士号を受けられました。

一九三六年から広島文理科大学教授を勤めるが原爆に遭い、その秋出家、僧籍に入り、一九五三年京都府山城町法蓮寺住職となる。その間一九六六年定年まで広島大学教授。島根県加茂町隆法寺住職も兼任し、一九八九年に同地に財団法人空外記念館を開設。二〇〇一年八月七日九九歳で遷化されました。

空外先生は日本よりも外国で有名な人であり、日本では世俗的な名誉は望まれません

―でした。記念館には国内外の国宝級の書画が所蔵されています。

以上の略歴、人となりを通してのエピソードには、時の日本の総理大臣の中曽根・竹下首相をして驚嘆せしめたという逸話もありました（米国大統領より、直々に先生の書画を要請されるも、時の政治家・官僚たちは、誰も「山本空外」という名を知らなかった！　日本より世界に知名度のあった先生がいたという事実！）。

先生を師と仰ぎ師事した、あの魯山人や、東洋のピカソと称された画家の井上三綱、その他著名な学者や芸術家とのやりとり・語らいもありました（海外においては、ピカソらとも親交があり、その卓越した鑑定評価の右に出る者は誰としていなかったという事実！）。

東洋と西洋の思想を深く研究し、全ての人々の生き方の光となる「無二的人間の形成」確立を目指した山本空外上人（空外記念館・提供）

「一つの文化・科学を語る場合、この道何十年などと威張っているようではオシマイなのです。それらが開花する数百年・数千年の歴史を把握してこそ、初めて評価できるものです」

どこか記憶に残っているこの言葉は、まさに空外先生その人を指しているのです。

しかし、魯山人だけではありません。極めつけは世界の哲学史に残る大偉人たちです。例えば、フッサール、ハイデッガー、ベルクソンといった大哲学者たちは、空外先生と起居を共にしました。空外先生の仏教観に学んで、共鳴する何かがあったからにほかなりません。

次に紹介するのは、親交のあった大哲学者ヤスパースの原書に引用された会話です。

空外先生、原書一説から曰く——

「我々は明らかにギリシャの医者ヒポクラテスよりも、はるかに進歩している。だが、哲学者であったプラトンよりも進歩しているとは言えない」(こんなに医療技術=科学は進歩しているが、人間的・思想的には何も進歩していない。むしろ、理論的にはそれ以下かもしれない)

湯川博士、語る——

「科学者が進歩していることは、外面的、実証的には認められるかもしれませんが、哲学も科学も人間の思考、認識とか判断という点では同じじゃないかと思うのです。両者を相対的にみることが不自然な感じにすら、私には思えるのです。ヤスパースさんの言葉を入れ替えて『科学的に考えることは、哲学のように進歩していない』哲学と科学の区別がつかないとも感じているのです」（今の世の中が、科学的な進歩発展を遂げているのは確かだが、科学の発展は理論性をもった思想哲学の延長線上にあるものであり、哲学と科学を区別することは不自然である）

湯川博士がノーベル賞を受賞した折り、「私がやったことは大自然から見れば太平洋の海水をお猪口一杯すくった程度のもの」と言わしめた言葉の原点が、ここにあるのではないでしょうか。

今、ＡＩ技術など、すばらしい科学、文明の発展・進化が続いています。しかし、その終焉はあるのでしょうか？　次々に生まれるそうした進歩も、ほんの一瞬。すぐ、次の進歩・展開となります。つまり、私たちが存在している世界そのものが、実はバーチャルな変化・変成の世界であるように思えます。大自然、大宇宙から見れば、子どものお遊びのような世界観かもしれません。

空外思想の根底にある「生・老・病・死」の仏教観

空外先生の思想の集大成は、自らも得度され僧侶となられたことでも明らかなように、「生・老・病・死」を通した仏教観にあります。

人はなぜ、生きるのか、生きていられるのか？
生きている場である自然とは何か……？
自然の中にある、私たちの肉体・物質とは何か？
自然を育む風・地・火・水とは何か？
それは、何からできているのか？
そうした見えない、感じない、無となった先には何があるのか？

こうしたことを考え詰めた結果ではないかと思います。万物は変化し変成するというお釈迦様の教えは古典物理学、つまりミクロの世界を探究する西洋科学にも通じていくものなのです。実際、空外上人のなかには、仏教観と西洋科学が共存しています。

古代インドの僧院で行われていた、自然の生体振動波を治療の基本とした「アーユルベーダ」は仏教観が源流であり、その後二五〇〇年を超える時を経て「自然界は振動の世界」としたノーベル賞学者、マックス・プランクの理論の検証につながったのです。

それは、空外の思想の流れとも類似しています。偉人と言われる人は、はるか昔から実践者でもあったわけです。

すなわち、こうした考えは、近代量子科学が示している、常に変化変成するミクロの世界観であり、物事は静止の状態にあるとする哲学の対局に位置します。前者では、再現が不可能であるとする原理が確立されています。

確定できない、不確実の世界なのです。

この理論を応用して膨大なエネルギーを悪用したものと言えば、あの原子爆弾にほかなりません。日本を含め、独・英・露等々の時の列強と言われた国々が、この理論を使って開発したのが原爆です。言葉を替えると、原爆とは、高熱・光（閃光）によって原子核から弾き出される膨大な放射線エネルギーの塊です。

それではなぜ、原子爆弾を開発したオッペンハイマー博士が、空外先生に弟子入りを希望したのでしょうか？

それは科学の進歩を悪用して無辜の罪のない人々を大量虐殺してしまったという、オッペンハイマー自身の罪の意識を救うものが、空外先生の教えのなかにあったからにほかなりません。人間が同じ人間を殺すことほど、罪深いことはありません。オッペンハイマー博士には、そういう念があったと思うわけです。

空外先生自身、広島での原爆被災に遭遇されました。おびただしい数の犠牲者を目の当たりにされたのです。そうした悲惨な体験が、いかなる進歩や発展より、人間として〝いかにあるべきか〟を教えた仏教思想「無常観」に傾倒されたことが起因であることは、言うまでもありません。

それでも、今なお兵器開発により科学を発展させ、それによる愚かな殺し合いを奨励する現象が、世界のどこかで起きるかもしれません。これは悲しい現実であります。

それ故に、いくら科学が進歩しても、科学を超越する絶対的な思想哲学に深く学ばなければいけないと思うわけです。

奈良・興福寺の薬師如来像（中央。周囲に四天王像などが安置されている）。十二の大願を発し、衆生の病苦などを救い、悟りに導く仏で、古来、医薬の仏として尊信される（朝日新聞社・提供）

筆者は、前記の薬師如来と水分子の表裏一体の相関関係を思うにつれ、湯川博士が提唱した中間子の存在も、同じルーツから来ているように思います（ノーベル賞受賞論文）。

周知のように、仏教の教えには、仏の役割として明王・天部といった仏・如来を補佐する存在についての教義があります。これを科学の分野に当て嵌めると、原子核・陽子と周回する電子の間に、その働きを補佐する中間的な存在があることとも矛盾しません。それが、湯川博士の提唱した「中間子」の存在に帰趨するのではないかと、考えずにはいられません。

オッペンハイマーも、そうした仏教の真理と量子物理の接点を教示してもらうために、はるか米国から空外先生のもとへ弟子入りのため来日したのではないかと思います。

ちなみに、前記の薬師如来像と水分子の重なり合いが目に浮かんだように、筆者には、元素の周期律表も想像することができます。仏の宇宙観を表しているとされる、あの曼荼羅ともダブってしまうのですが……。横・水平の周期律表を縦にして並べ替えると、イメージが湧きます。

京都・知恩院の空外先生のお墓の横には、湯川博士のお墓も建っています。

「私が死んだら、私の墓は、空外先生の隣に建ててください。私は空外先生の隣で眠りたいのです」

湯川博士が語ったというこのエピソードは、空外先生の直系の弟子であり、湯川博士とも親交のあった品川和尚から伺ったものです。

ちなみに、空外先生は米国のハーバード大学から講演を依頼されたことがあります。このとき、品川和尚が空外先生の代理で渡米されました。和尚は、一〇〇人ほどの関係者を前に、英語でスピーチされました。絶対の信頼感です。

量子科学の原点に流れる〝諸行無常〟の考え

仏教観は、自然界を絶えず変化変成する〝光の場〟に置き換えて説明することができます。「色即是空」「諸行無常」とも言われます。色彩も含めて、物質はすべて変化変成し、エネルギーを交換しながら無限に変化し続けます。それが仏教観の基本です。

今はあるものはすべて無に帰る、という教えが諸行無常の考え方です。量子科学の原点にも、この考えがあるのです。

今現在の最先端物理学を極めるべく、世界中の科学者が血まなこになっているのは、「超ひも理論・一〇次元の世界」と言われる理論です。そのルーツは、湯川博士が主張した「広がった素粒子像」にあるとも言われています。

少し専門的になるかもしれませんが、イメージを膨らましまして、この点について補足してみましょう。

「広がった素粒子像」という概念は、私たちのいる空間（宇宙）の中に、目に見えない素粒子の糸が網の目のように張り巡らされている、とイメージしていただくと理解の助けになります。これは、超微弱なエネルギー・力を交換する場であり、専門的には「ゲージ場」と言われているものです（自然のエネルギーが伝わる場）。

そして、そこに存在する超ミクロ粒子、つまりエネルギーを交換する粒子をゲージ粒子と呼びます。これが先にお話しした量子論における光電効果、つまり反応変化する原子間に働く交換粒子です。これを「光子」と呼んでいます。

こうしたゲージ場では、電子は光（光子）にぶつかった途端、弾き飛ばされます。その位置を測ろうとしても、飛ばされた速度が分かりません。逆に、速度を測ろうとすると弾き飛ばされた光の元の位置がわからない。いずれの場合も、一瞬の状態を再現することはできません。いわば、後戻りできない、不可逆の世界です。

つまり、不確定理論であり、万物は変化・変成するという仏教思想と同じことになるのです。

そして、自然界にあるこうした力を発生させるものを、総称して素粒子として捉えた場合、さまざまな特徴をもつ素粒子と、それらを育む荷電粒子・プラズマが蜘蛛の巣のように点在し、さらにそれぞれの力とまったく超対称の未発見の反粒子によってエネルギー交換が行われるという仮説が成り立ちます。これが「超対称理論・超ひも理論」と言われているものなのです（見えない反粒子を称して「ダークマター・暗黒物質」）。

「広がった素粒子像」というのは、この超対称性をもった、ひものような素粒子・プラズマ群（ニュートリノ）をイメージしているのではないか？……と思うのです。

結局、どんなにミクロ化した世界、何もないカラッポの世界と思う場（空間・宇宙）にあっても、変化・変成を可能ならしめる素粒子の海（場）が、超ひものごとき役割をもってエネルギーの素の反応生成を繰り返しているのです。その生成の確信犯は、「見えない陰なる〝超対称の反粒子〟（ダークマター）にあり！」ということなのでしょうか？

仮に、一〇〇〇万分の一ミリメートルの原子の中心・原子核を一メートルの球にズームアップし、東京駅に置いたとします。この場合、その外側を回る電子の軌道はおよそ一〇〇キロメートル先の日光や沼津の位置になります。この規模の周回イメージなのです。

では、東京駅と日光・沼津の間には何もないのでしょうか？

そうではありません。ミクロの世界では、そうした何もない、カラッポと思う場にあっても、さらに小さな荷電粒子たちが＋－の性質をもって、ビッシリと埋め尽くしているのです。

それは、私たちの日常では考えも及ばない、気の遠くなる世界です。

私たちのモト、宇宙のモトは、こうした見えない世界にあっても、個別の振動信号を出しながら瞬時に反応し合う〝超ひも素粒子の世界〟なのです。

湯川博士が提唱した「広がった素粒子像」は、まさに今の最先端の科学の入り口を示した言葉と言われています。今も際限なく拡がり続けているという宇宙を司るのは、その量子場に存在する＋－の極小ミクロ素粒子群であり、限りない反応・生成の場なのです。

大宇宙も、人体も同じような原理の下に置かれているのです。そして、お互いがお互いを生かし合っている、と思うのです。

死んだ人間は、どうなるのか？

仏教の経典は、発祥の地で使われていたサンスクリット語から成っています。しかし、玄奘（三蔵）法師が中国へ持ち帰ったとされる経典は、当然漢字で編訳されています（もちろん、日本へも！）。

したがって、本来的に仏教の意をより深く理解しようとするならば、まずサンスクリット語で記されている原典に精通することが条件となります。まさに、そのサンスクリット語を自在に自分のものとしていたのが空外先生です。空外先生の教えを学べば、経典の本意そのものが深く理解できるわけです。

話題が一気に超最先端物理の世界に飛んでしまいましたが、筆者がお伝えしたいのは、最先端のミクロ・自然の原点の思想こそ、空外先生の教えに深く、深く根付いているということなのです。

死んだ人間はどうなるのか？
魂とは何か？
それは、どこにあるのか？
あの世とこの世とは？
死んだ人が、なぜ見えるのか？

昔から続いてきたこれらの疑問も、今後、先端科学や光振動電磁波、それに超ひもの世界が解決してくれるかもしれません。

生体高分子と言われる如く、私たちの体は10^{-40}とも言われている超ミクロの素粒子の集合体であることは間違いありません。反応停止、つまり死んだ時点でその集合体はすべてバラバラになり、最終的には気化したり、土に還ったりしながら離散していくわけです。しかし、何らかの条件で反応停止をしても、集合体はそのまま残ると言われています。

通常、こうした集合体は私たちの目には見えないのですが、稀に先天的にこうした集合体から発せられる不可視光線をキャッチできる人がいます（成仏しない霊？　さらに、そうしたものに感応できる霊媒師！）。

不可視光線が赤外振動波（遠赤外光）であり、光電磁波であることを考えれば、中世の人たちが色の着いた絵が見えない電波によって空を飛ぶ！（カラーTV）ことを思い付かなかったと同じように、そうした解明もこの二一世紀中に進むことが予想されます。ただし、テレビのチャンネルを合わせるのと同じように、私たちが日常でこうした見えない世界を見ることが「いいのか？　悪いのか？」、答えは分かりません。

こんなふうに考えると、お釈迦様の「生・老・病・死」についての〝悟りと光の世界〟は、まぎれもなくこのミクロの世界観なのです。その具体的なカタチとして、自然界における人間の存在があるのです。常に変化・変成し、やがては無に還る原理は、人間にも当て嵌まるのです。

これが「色即是空」という仏教の教えにほかなりません。その原理が、はるか昔に示されていたことに、あらためて驚嘆するのです。今から数千年昔、およそ近代科学とは無縁の東洋の仏教思想（仏教の経典）のなかに、このような思想のルーツがあったとすれば、空外先生と湯川博士の思考の方向性には真理があったと言わざるを得ません。

自然の原点、ミクロの世界の原点――それは、振動しながら空間という場を埋め尽くした超ひも状の素粒子・光量子エネルギーの世界です。

一九〇〇年初頭から始まったマックス・プランクの光量子・振動理論を皮切りに、再現不能の計測は無意味とする理論、宇宙は一〇次元のひもという「超ひも理論」は、世界を解釈する指標となってきました。さらに、最近ではこれらすべてを網羅した「大統一理論」等々、光量子物理の研究は超スピードで解明されているように思います。

しかしながら、お釈迦様の説かれた「仏と菩薩の宇宙理論」はそれ以前の数千年前に提唱されたことです。気の遠くなる昔のことです。まさに超先端科学を、はるか昔に仏教観として教え導いていたのです。現在の思想とみごとにリンクします。

悟りとは、仏教用語で言えば涅槃の教えです。これは、決してお釈迦様だけの世界ではなく、私たちの俗界でも通用する普遍的な考えです。誰にでも通ずる教えなのです。

自分を生かすには、生かしてくれる相手を尊重する必要があります。つまり、自分自身のたった一度の人生で、自己実現のために手を差し伸べてくれるものを尊ぶ必要がありま す。具体的には、ヒト、自然、物……自分と関わりのあるすべてのものを愛しむという精神です。それは、空外先生の「無二的人間の形成」の教えに通ずるものです。

菩薩場の光プラズマ場で、反応し合う光量子エネルギーが交わったとき、新たな光素粒子・ニュートリノが誕生するように思えるのです。大宇宙の営みの根源かもしれません。

およそ他者あっての自分、他者を生かす自分

物事の真理を突き詰めた根源が、目には見えない反粒子の世界観と思えるのです。私た

ちの科学とは、そうしたお釈迦様の悟りの世界を、単に実践・検証しているにすぎないのではないでしょうか？　そう思わざるを得ない気がしてきます。これは、驚くべき思想哲学です。これを学ぶことなく、科学の進歩はあり得ません。

以上、お釈迦様から超先端理論までを説明してきましたが、いずれ近い将来、新理論の誕生・解明が進むでしょう。

実際、二〇一一年に宇宙量子場における最極小エネルギーとして、神の粒子たる「ヒッグス粒子」を予見する論文が発表されました。お釈迦様の悟りに辿り着く大きな一歩ではないでしょうか？

ちなみに、般若心経の原語であるサンスクリット語の「スータラ」は、「ひも・糸」を意味するものと聞いたことがあります。日本語では、経句一枚ずつをひもでつなぎとめた心経として表されています。「超ひも理論」という言葉の源も、このあたりにあるのではないでしょうか。

仏教と先端物理学は表裏一体

結論として、科学の真理とは、確かな理論性をもった大いなる仮説、つまり思想哲学！です。

文化勲章も授与された日本の数学界の第一人者、岡潔先生は、晩年は思うところあってか、お寺にある「木魚」を叩きながら、お念仏を唱えられていたとのことです。和尚とも親交がありました。岡先生の「見えざる数学の本体に迫ることは、仏教的叡智や情緒と表裏一体なり！」との明言は、まさに真理・悟りを極めた哲人のお言葉と感銘するわけです。

筆者が考える「仏教と先端物理学は表裏一体」という考えをご理解いただけたでしょうか。

品川和尚は超人なのか？

宇宙人なのか……？

第四章

森羅万象について真理を語る

――「寺子屋勉強会」を紙上再現してみる

常識の外側に立つ「寺子屋勉強会」誕生の経緯

前章の最後では、品川和尚が師事された山本空外上人についても、お話しさせていただきました。その深い思想に、和尚が深く感銘されていたことは、よくご理解いただけたと思います。

一方、これだけ偉大な空外上人が、一般にはほとんど知られていないことに、和尚はひどく落胆されているのではないかと思います。否、悟りの境地からすると、どうでもいい今日の日常かもしれません。和尚は、空外上人を〝日本人の誇り〟とまで、考えておられるのです。

ところで、前に簡単に触れましたが、和尚は「安居（あんご）の会」だけではなく「寺子屋勉強会」も主宰されています。寺子屋勉強会は、常識の外側に立って、歴史、宗教、偉人、思想、科学、医療、宇宙、生命、自然、政治、経済など、森羅万象について真理を語り合う場です。

空外上人についても、この寺子屋勉強会で、幾度となく語られてきました。

その寺子屋勉強会の八〇回以上の様子は、音源として記録しています。その中で、私が特に感銘を受けた会の模様を、再構成・補足した上で、紙上再現したいと思います。

寺子屋勉強会には、私が和尚と出会い、仏教の教えを通し、人間の持つ価値観や生き方など、諸々のご高説を拝聴し、勉強させていただいてきたという経緯があります。今回の本の中には、そうした内容が多く落とし込まれています。

仏教についてはもちろんのこと、和尚の師である〝山本空外上人以上〟の直弟子として、哲学と仏教の世界との思想的な一体感を教えられました。

そもそもは、当時、月に一回のペースでお寺をお訪ねし、そのやりとりを「存在論と認識論」というタイトルで録音させていただいていたという経緯もあり、お寺に見える方にも、「ご参考に」ということで、そのテープを聴いてもらっていたわけです。

存在論とは、この世界を司る仏の絶対的価値の教えであり、認識論とは、日々刻々と動く文明や科学の進歩についての捉え方、と言えるかもしれません。そして、、その原点は前章でご案内の古代ギリシャの哲学思想にあるように思っているわけです。

ともかく、そんなことがおよそ三年続きましたが、たまたまそのテープを聴いていた常連訪問者の方々が集い、「寺子屋勉強会」と称し、和尚のご高説をざっくばらんな雰囲気の中で収録、ＣＤ化されたわけです。そうした経緯もあって、筆者が日本ＷｅＰ流通のホームページに取り込み、ご案内もさせていただいている次第です。

認識論では、特に、聖人・偉人の方々の実像を語るのに、後世の我々の認識にいかに誤りがあるかを知ること、またその実際の教え、行動を知ることは、これからの自分自身の生き方に大変ご参考になるかと思います。

部分的な音源になりますが、ご参考になればと思います。

では、寺子屋勉強会の様子をお伝えしていきましょう。

なお、「宇宙は仏から生まれた生命体」は日本ＷｅＰ流通ホームページ「寺子屋勉強会」Part 33、「それは、自然界の光エネルギーなのか」は同Part 31、「大数学者・岡潔(きよし)と聖者・山崎弁栄」は同Part 59でご案内しています（https://terakoya.base.ec/）。

宇宙は仏から生まれた生命体

品川和尚の思想は、宇宙の成り立ちにつながる仏教を通した深い洞察抜きに考えることはできません。まずは、そうした勉強会から、ご高説を拝聴することにします。

暗黒物質とは、そもそも何なのか

――宇宙というのは、暗黒物質や暗黒（ダーク）エネルギーでできていると言われています。これから先、それが何でできているか特定できたとしても、すべてが解明されるのか。例えば、和尚さんがいつも言われている、体の中の全部の物質を調べたら、命が分かるのかと言ったら、まったくわからない。物質的宇宙というものをどれだけ調べても、宇宙がわからないのと同じように、人体も物質的に調べても、最終的に何なのか、命とは何なのかがまったく分からないのではないか？……と。

品川和尚　なるほど。そのことが分かったということは、すごい進歩だね。

――ですから、物質的に調べるというのは、一つの科学的手法ではありますが、大きいところを見ていても、小さいところを見ていても、同じなんですよね。原子の周りを電子が飛んでいるが、その間には何があるのか？　そういう話になったら、もう誰も答えられない。何もないということになっている。

和尚　いいところだね。我々がどんどん進化していったら、それに比例して、そういうものが出てくるのだと思う。なぜなら、例えばプレアデスの星団あたりだと、この地球より

宇宙は何でできているのか〈I〉

〈「品川和尚の寺子屋勉強会」Part33より〉

宇宙が何でできているか特定できたとしても、
全てを解明できるのだろうか……。
例えば、人体を物質的に調べて分かっても、
〝命〟は解明できない。

は多少は進んでいると思うから、まだ我々が発見してないものを持っていて、そういうものを自由に使いこなしているかもしれない。だから、そういう面から考えたほうが、いいように思う。

ところで、なんで宇宙はできたの？（プレアデス星団を、人類の〝ふるさと〟という説があります。）

——そうなりますね。一応、ビッグバンからこうなったという説が今、一番有力ですよね。

和尚　だから、上手いなと思うのは、「一応、ビッグバンから生まれたと言われています」という言い方は、一つの説ということ。私も、説ぐらいはあっていいと

思うが、それだけで終始してしまっているところがある。例えば、ある程度の学者になると、「統一場理論」というものを考える。アインシュタインも生きている間は、なんとかならないかと……。

では、統一場理論とは何かというと、ビッグバンがあったとしても、「その前は何か？」ということ。

――そうですよね。空間も時間もない。一つの点から空間が生まれたという。空間が生まれる前の空間はどうなのかって、誰も答えられなくなる。

和尚　誰も答えられない。ここを摑んでいないと、こんな話は百万回やっても空しいだけ。原点だから。

――はい。

和尚　それは何か？　仏教の考えに置き換えて説明してみると、すべての始まりは仏。仏が最初になる。では、仏というのは何だ。仏の心というか、核ですね。これが仏の核でございます、根源でございます、と。その根源とは何か？

仏の一番尊いもの――本当に尊いから本尊という――本当に尊い、根本の尊いもの。では、その根本、核は何ですかと言ったときに、宇宙でもそうです。ビッグバンの、その前の核に、空間も時間もすべて凝縮されている。

本願としてのビッグバン。仏の欲、宇宙の欲

——少し難しくなってきましたね。

和尚 もう少し分かりやすく言いましょう。ビッグバンというのは、核がはじけたときのこと。では、最初に何がはじけたかと言うと、僕は一一次元の「超ひも理論」のひもだと思う。

では、ビッグバンはなんで、いつ起きたの、ということ。マックス・プランクの理論で、ちょうど一〇のマイナス三三乗が、粒子の中で一番小さいもの〝プランク定数〟と決めましょう、となった。一応、決めましょうと。みんなが同じ基準でやればやりやすいから。ただ、それだけのもの。

では、その元が、そこへぎゅっといったら、核というものがあって、時間も空間もその中にはある。今あるもののすべての要素が、その核の中に入っている。これは、本当に根本的な尊いものだから、本尊と言われる。それで、これがバーンと……。ビッグバンというのは、〝本願〟と言われるものです。

宇宙は何でできているのか〈Ⅱ〉

〈「品川和尚の寺子屋勉強会」Part33より〉

何で宇宙はできたのか?

ビッグバンで生まれたと言われるが、

それは100パーセント事実なのか……。

事実だとしたら、その前は何だったのか?

統一場理論で解明できるのか?

ビッグバンが起こる前は、

空間も時間もない……。

空間が生まれる前の空間は何なのか?

仏教の考えに置き換えて説明してみると、

全ての始まりは仏が最初となる。

では、仏とは何だ?

仏の核とは?　根源とは何だ?

仏の尊さとは?　本当に尊いから本尊という。

——そう聞いたら、分かりやすい。

和尚　仏の欲、宇宙の欲。僕は、そのように詰めていったのです。ビッグバンとしたらどうなのだろうか、その次にきたものは何だろうか。超ひも。素粒子だと思って、素粒子の中に、どんどんどんどんどんどんどんと入ってみた。一〇〇億分の一の、また一〇〇億分の一の、また一〇〇億分の一ぐらいのところへいったら、ひもが出てきた。縮れ毛のようなひもが、この世にみんな浸透し、宇宙中ですごいハーモニーを持っている。そこまでいったら、一つになる。

素粒子がいっぱい出てきて、一二のクオークのようなものが出てきて、まただんだんいろいろなものになっていくのではないかと。原子核のようなもの。ですから、例えば、物質までくるのだけれども、そうやって物質になる、最初はなんだ？　と思う。

——物質の最初と言われる……。

和尚　ということは、質量をかけたものと解釈してもいい。一応、ニュートリノということになっている。ニュートリノに質量があるのではないか。ただ、計測ができないから。

この前、原子核から電子、物質の元の、そのところはどうなっているのかと、ある物理学者に聞いた。その物理学者は、「いや、何もない」と。何もないというのはスカスカです。

宇宙は何でできているのか〈Ⅲ〉
〈「品川和尚の寺子屋勉強会」Part33より〉

ビッグバンの前の核とは何か？

根本＝核とは何か？

核に空間も時間も凝縮されている。

「何もない、まさに無の世界」???

本当は、

そこに無限の菩薩修行群が存在する???

⬇

研究者が唱えるビッグバンは、核がはじけた時。

超ひも理論のひものようなものが

拡散した世界。

暗黒物質・暗黒エネルギーの世界。

⬇

仏教観では、

現在存在する要素は全て核の中にあり、

時間も空間もその中にある。

それは根本的に尊いから、本尊という。

ビッグバンというものは、〝本願〟に譬えられる。

仏の欲、宇宙の欲かもしれない。

それなら、そのスカスカのところをニュートリノは平気で通っているはず。そういうものはある。それがないと言うから……。物質になる最初のものですよね。では、物質というのは、どうやって、何でできるのということ。

——僕らが分かるのは、原子、もっと大きくなって元素と言われているもの。そのあたりからが、一般的に物質と言われているところですよね。

和尚 大きなもの、見えるもの、全体から原子に至るまでは、相対的なニュートン力学でいいと思うのです。ところが、そこから量子になったら、量子力学でないと今度はダメになる。量子力学と、ニュートン力学でもいいですが、そのようなものがイコールになるのか。統一場理論では、これを一つにしないとダメなんです。

物質は、どうやってできるのか?

——よく言われるのが、波の性質と粒の性質がある。だから、完全に矛盾している。

和尚 今、いいことを言ってくれました。偉いなぁ。というのは、今、僕は物質があると、存在論、あるというのはどういうことかというと、それなんです。粒子というのは何かと言ったら、空間なんです。波と言ったら、物質なんです。物質波。

原始に至るまでは、相対的なニュートン力学で計測可能。
ただし、量子になると、量子力学でないと説明できない。
光エネルギー、波長振動、磁力など、
絶えず変化・変成、かつ再現不能な世界。

――物質は物質としての波があるということですね。

和尚　そういうことです。それを一つにやると、マックスウェルの電磁方程式。波動的に言ったら物質のことになるし、素粒子的に言ったら空間になる。

それはどういうことかというと、僕がいつも言っているように、空間は物質に変換し、物質は空間に還元する。還元するときには粒子なのです。そして、物質に変換するときには波なんです。

こういうことを聞いたことはありますか。この宇宙がどうしてできているかと言うと、電子と量子がピュッと突然出てきて、忽然と消えていく。しかも、その目に見えない、観測できない超ひも理論の世界は再現不能。
絶えず変化、変成している。

そこで、再び量子の世界。
波と粒子の性質とは?　存在論。
粒子は空間、波は物質。
科学的にエネルギー場を理論化。

何もないと思っていた空間は物質に変換し、
物質は空間に還元する。
還元する時は粒子、物質に変換する時は波である。

再現不能、目に見えない空間が宇宙、
絶えず変換・還元を繰り返しているスカスカのような世界が宇宙。
しかし、それは変化・変成し生きている。
菩薩修行の場であるのか……。
諸行無常の世界観。

ときに、当たった瞬間にフォトン（光）が穴にパッと消えるという話は聞いたことがありますね。これが至る所で起きている。

――目の前で起こっているということですね。

和尚　そういうことです。

〈仏の本願、慈悲（ビックバン）で生まれた宇宙には、仏・如来になるため、その分身となり拡散している菩薩（暗黒エネルギー）が存在しているのではないのでしょうか。つまり、ずっと生き続けている生命体・人体の修行の場が、宇宙なのです。日常の自然界で、そのエネルギーを体現できるのは、啓示や悟りによって会得した神や仏以外にあり得るのでしょうか。日本人初のノーベル賞受賞者・湯川秀樹博士は、こんな言葉を残されています。「自分の研究など、太平洋の海の水をお猪口一杯すくった程度のもの」。若き品川和尚と湯川博士の語らいの場で発せられたと聞きましたが、まさにすべてを悟った敬虔な大研究者の世界観に、敬服する限りです。〉

宇宙は何でできているのか〈Ⅵ〉

〈「品川和尚の寺子屋勉強会」Part33より〉

目に見えない、観測できない超ひも理論の世界は再現不能。
仏の本願、慈悲(ビッグバン)で
生まれた宇宙には、
仏・如来になるために、
その分身となり拡散している菩薩(暗黒エネルギー)が
存在するのか?

つまり、日常の自然界で、
そのエネルギーを体現できるのは、
啓示や悟りによってそれを会得した
イエス・キリスト、お釈迦様、空海……
神か仏か、他にいるのか?

つまり、仏教観から考察する宇宙とは、
全ての宇宙を集約した「万物の慈母」たる
大日如来から生まれ(ビッグバン)、
慈悲の光「無量光」を発し続け、
極楽浄土へ導く
阿弥陀如来はじめ菩薩の場(量子エネルギー場)の
世界観かもしれない。

それは、自然界の光エネルギーなのか

空海は仏様から選ばれた存在

品川和尚　例えば、空海さんが悟りの修行をやっているときに、四国の海岸縁の洞穴の中で、星が流れてピューッと飛び込んでくる体験をする。そんな馬鹿なことがあるわけがない。

――でも、そう言わざるを得ないような体験をしている。

和尚　彼が遣唐使として向こうへ行く前、一人で山の中を修行している頃のこと。つまり、そういうイメージトレーニングの凄いものを持っている。自分には分からないからと、否定するとしたら、もう生きている資格がなくなってしまう。分からないことだらけだと思ってみると、僕は、良き人の体験というのは、まず素直になって、いただいてみようではないかという視点も必要だと思う。例えば、マッハ2の戦闘機同士がすれ違うと、マッハ4になる。

――対象物としてはそうですね。

和尚　そのとき、相手が敵か味方か識別できなければ、自分は死ぬしかない。死を懸けて物事に挑むと、視力が違う。例えば、六・〇や七・八――これはいま、適当なことを言っていますが、それに近いような、あるいはそれを凌ぐような視力になる。しかし、現実には、そんなものを目で確認というのは、とてもできないことです。ところが、そういうことができてしまう。

アフリカのジャングルで、現地の人が、はるか一〇キロ先に砂煙が上がっているのをパッと見て、あそこにライオンが何匹いる、何分後にはここへ来るぞと言う。しかし、日本人には、カメラや望遠鏡を使っても煙しか見えない。実際、数分すると、ライオンが遠くにかすかに見えてきたという。彼らはなぜ、肉眼で分かったのか。文明国の人間とは違った見方があるということです。

例えば、3Dの見方をするというのは、実は昔から修行・トレーニングの方法にある。3Dとは言いませんが、エベレストの山を上から見られる。八〇〇〇メートルの高低差があるのですが、それを頂上からの俯瞰(ふかん)図として捉えることができる。そういうトレーニングに慣れてくると、いろんなことができる。

宇宙は何でできているのか〈Ⅶ〉
〈「品川和尚の寺子屋勉強会」Part33より〉

仏の本願、慈悲（ビッグバン）で
生まれた宇宙には、
仏・如来になるために、
その分身となり拡散している菩薩（暗黒エネルギー）が
存在するのか？

つまり、日常の自然界で、
そのエネルギーを体現できるのは、
啓示や悟りによってそれを会得した
イエス・キリスト、お釈迦様、空海……
神か仏か、他にいるのか？

ところが、そのようなことをまったく分からない人間が、科学だなんだと言っても、お山の大将をするならそれはそれでいいが、謙虚さというものがないと見えてこないものなんです。

ですから、最初に私が言った、空海さんが流れ星を飲んだということはどういうことなのか。空海さんも向こうへ渡った際、お堂に入るときに目隠しをされ、お師匠さんから手の平に花をもらい、それを大きな曼荼羅の上にポンと投げる。そうしたら、ヒラヒラと飛んで、ある一点に落ちる。そこには、無数の仏さんの名前があるのですが、たまたま空海さんが投げた花びらは、大日如来の下に落ちた。次の日もまた、目隠しされてお堂の中に入ると、花をもらって投げる。ヒラヒラと、今日も大日如来のところに落ちた。それが三度続くのです。どこに落ちたかによって、その人の一生の念持仏が決まる。もし、お地蔵さんのところに落ちたとしたならば、その人は一生お地蔵さんの真言を唱えた生き方をする。御大師（空海上人）さんの場合は、大日如来のところに落ちたから、大日の真言をずっと唱えている。

そのとき、師匠も喜んだ。実は今から何十年前、私も師匠のところで、この器を一気に移すがごとく、この作法・勉強をさせていただいたときに、「やっぱりお前と同じように、大日如来のところに落ちたんだ。これは奇遇なことだ」と。そういうこともあって、真言密教というものの奥義をすべて伝授していく。空海さんに渡ったら、他に何千人の弟子がいようとも、ごぼう抜きで抜いてしまう。あとは空海さんが行ったところに、その支流があるから。

——努力ではないということですか、それは。

和尚　そういうものもあった、ということ。その不確実性、偶然というものを、どのように出すか。頭のいい数学者は、それを偶然と可能性の差を縮める方程式のようなものをつくるだけです。アンリ・ポアンカレ（理論物理学者）のような予想が出てきたりする。

空海上人が会得した光エネルギーは大日如来、仏の世界

——花びらを投げるに至るまでの空海さんというのは、非凡であったわけですね。そういうものがあった上で、三回続けて大日如来の上に落ちた。

和尚　イエスの生まれかわりだから。

——空海さんがですか？

和尚　ちょっと私も頭がおかしくなってきたかもしれないが、なぜ私が今そういうことを言ったかというと、ネストリウス（古代キリスト教の一派）というものがある。

——景教（けいきょう・中国における光の信仰）ですね。

和尚　そうです。景教というのは、イエスを神の子として認めてきた宗教なのですが、原始キリスト教というのは、僕らが今イメージを持っているようなクロス、十字架というものは存在しない。魚なのです。

——イクトゥス（キリスト教の隠れシンボル）ですね。

和尚　そうです。よくご存知ですね。あなた、日本人ですか。

——ちょっとだけ近いです（笑）。

和尚　これはどういうことかというと、ギリシャ語で「イエス・キリスト、神の子、救いの子、救い主」を全部発音すると、「イエースス、クリストス、テウーヒュイオス、ソーテール」。これを頭文字にすると、今、あなたが言ったイクトゥスになる。これは魚という字（ギリシャ語）になるのです。

なぜかというと、当時の地中海あたりの人たちは、みんな魚を食べる。それが、こちらにどんどん入ってくる。キルギスへ行ったり、あるいはその前はローマに追われ、キリスト教の人たちはモグラと似たようなことをしたりする。モグラのように土の中を掘って、いろんな道をつくり、そこで生活する。隠れキリシタンではないですが、隠れていた。

——地下迷路の都市がありますね。修道士たちがつくった。

和尚　それです。その地下のモグラ都市を、カタコンバといいます。

——それだけ迫害が強かったのですか。

和尚　そうですね、迫害でやられますから、秘密結社にしていました。そのときには、まだ十字架がありませんでした。十字架の代わりに、魚の絵が用いられていたのです。

——なぜ、初期キリスト教のキリストの弟子である証、シンボルが魚なのか不思議ですね。

和尚　初期のものは、魚の尻尾の最後のギザギザがないはずです。シンプルなのです。家

宇宙は何でできているのか〈Ⅷ〉
〈「品川和尚の寺子屋勉強会」Part33より〉

ΙΗΣΟΥΣ　ΧΡΙΣΤΟΣ　ΘΕΟΥ
ΥΙΟΣ　ΣΩΤΗΡ
ギリシャ語で「イクトゥス」。
イエス・キリスト、神の子、救世主の頭文字を並べたものだ。

畜の首につけたベルだったかもしれない。結構、我々が物を食べるときに、中国のものでも漢以前のものを見ると、陶器の皿の真ん中にイノシシが立体的になっているものがある。それが魚になったりする。そういうものがあったことも事実なのです。

――そういえば、弘法大師の幼少名は「真魚（まお）」ですね。真の魚ですね。

和尚　そうなんのです。空海さんは佐伯一族です。佐伯一族は日本の古い豪族でもあるのですが、先ほど私がキルギスと言ったけれども、あちらに行くと、「肉を食べる人間は全部キルギスにとどまった」というのです。そして「魚を食べる民は、みんな東を目指して日本に行った」と。だから日本とキルギスは本当の兄弟だ、ということを、向こうの人はなぜか知っています。真魚、いいところに気がつきましたね。

――分からないのは、どうしてシンボルを魚にしたのか？

和尚 先ほども言いましたが、ギリシャ語で「イエス・キリスト、神の子、救い主」の頭文字をとったら、それが「魚」になったということです。これでもう腑に落ちますね。

――分かりました。

〈古代ユダヤの戒律では、聖書で、魚を食べることが禁じられていました。しかし、実際は魚を食べていた。品川和尚が、見事に通説を覆した勉強会でした。〉

大数学者・岡潔と聖者・山崎弁栄

ノーベル賞学者の湯川秀樹や朝永振一郎、フィールズ賞の広中平祐らに影響を与えたと言われる昭和期の「天才数学者」岡潔は、仏教を信仰し、大正から明治期に「念仏三昧の聖者」と呼ばれた浄土宗の宗教指導者、山崎弁栄に帰依していました。
この二人について触れた、品川和尚の発言を採録します。

大数学者・岡潔先生との邂逅

――テレビを見ていたら、AI化で、何か話をすると、全部答えてくれるというんです。文章を自動で作ってくれるらしい。味気ないね。鉛筆なめなめ、のほうがまだいいと思うのですが。

和尚 そうね。みんな裏取って、足で確かめ、目で確認してね。そして、作品というのは少しずつできてきたもんだけどね。そうなら、もう言葉はいらなくて、以心伝心でそういうふうになっちゃうのかね、テレパシーみたいに。

――独特の周波数を活用すると伝わるような、そんな話も聞いたことがあります。岡潔先生が晩年、木魚を叩きながらお念仏を唱えていたという逸話がありますが、その周波数を調べたら、一四・八ヘルツだったというんです。それで、フッと思ったんですが、地球の共振磁場周波数をイメージする一五ヘルツの周波数帯なんか、テレパシーになるようなものが組み込まれているのかなと……。そうすると、もう言葉はいらないですね。木魚を叩いていると、自動的に話ができるようになっちゃって。

和尚　あの人（岡潔先生）ね、奈良女子大だったかな。講義に行くとき、木魚を持って行ったんだよ。学生がその気にならんときは、それを叩いた。もっと面白い話があって、夏でも冬でも、長靴を履いていたんだよ。で、夏には、長靴の中に氷を入れておく。

――湯たんぽの逆だ。

和尚　そうやって楽しんでいた人ですよ。

――あまり難しいことは考えない。いいものはいい。体裁じゃないんですね。

和尚　その通り。あと、岡先生と言うとね、文化勲章もらった。その頃、私が車であっちこっち、連れて行ったんだよ。

――そのとき、木魚、持っていた？

和尚　持っていた。風呂敷に入れて。たぶん弁栄聖者の本を読んでいたんだな。それで、そういうほうに深く入っていった。昔は、そういう人たちにお会いし、いろんな話をさせてもらったけど、今考えてみれば、あっという間の瞬間のようなものだね。

数学は情緒であり哲学だ

――それにしても、奇人変人ですよね。

和尚 そうだね。ただ、考えていることが本筋論に入っちゃっている。数学に対しては、徹底的に人生を燃焼させると言い切っている先生だから、すべてのことをかけている。南部（陽一郎。理論物理学者）先生が、「いつでも数式で考えています」というのと一緒で、例えば会社をいくつ作ったとか、「儲けがうまいんだって」と言ったところで、話は空回りになってしまう。その先、どうなるのか？ と究極を考える人には、今の話は、その瞬間、過去に。発見でも何でもありません。

――そうですね。絶対に噛み合わない。

和尚 そういう意味では、どちらが可哀そうなのか分からないけど、聞く人が聞いたら、これは天と地の差があるということは分かる。仏教の無限の宇宙観からすると、起きている現実は諸行無常、どうでもいい話です。単なるうわさ話。

――いや、岡先生は「数学は情緒」っていう表現をされる。和尚さんが言われるように、人間的な高まりみたいなものがないと、数学もあるところまで以上いかない、発見に至らないみたいな表現をされている。そのへんが、もう突き抜けているというか、違うんやろうなと。

「数学は情緒であり哲学だ」と語った数学者・岡潔。念仏に出会って、まったく新たな境地に至ったという(朝日新聞社・提供)

和尚　そう。だから、この宇宙のことでもそうだけど、超えちゃったところまで考えてみないと、共通分母が分からなかったり、発見したりできないんだよ。

――岡先生みたいに名前が残る人はいいですが、途中で頭がおかしくなってしまう人だってたくさんいると思う。そういう人たちと岡先生の差というのは、ある意味、宗教的境地みたいなものがあるのじゃないかと……。(再現不能の量子物理学の世界を再現可能にすべく挑戦した学者は、結局、再現できず、最後には気が狂ったという話もあるほどです。)

和尚　まさにそうなんだ。でも、ほとんどの人は分からないから、「半吉さん」なんて言ったりする。自分のレベルにまで引きずり下ろすことによって、自分が安堵している、というだけのこと。ノーベル賞理論なんていうものは、一般の人には分かるわけがない。だから、「数学というのは情緒だ」って聞いて、そうだろうなと思う人は、どこの道で何をやってもある程度のところにいける人だと思うね。極めるということは、限界を知ることかもしれない。

——岡先生は、お念仏に出会って、ということをおっしゃっています。出会う前は、数学的な思考の中でいろいろな発見に至る。天才ですから。しかし、念仏に出会ってからの発見というのは、その前の数学的発見とは別物みたいな感覚らしいんです。

和尚　努力していくと、理性で詰めていける段階というのがある。ところが、なんぼしてもなしがたい、それだけを追っていたら、もう限界がある。そこをズッと考えていくと、待てよ、これはどういうことなんだと、数学というのは哲学じゃないかと、違うものの見方が見えてくる。全然違う次元とでもいうのか、それを見ちゃったら、興味持つでしょう。

——仏教と量子物理学は表裏一体とされる所以ですね。(常識の世界では到達できない。非常識の世界は哲学的思考、瞑想の世界で到達。まさに仏教観。)

岡先生が師事した山崎弁栄聖人

和尚　戦後、昭和二一年頃だったか、岡先生がその教えに出くわして、山崎弁栄さんのところに行っていろいろ聞くんだが、弁栄さんは最初に、「私に騙されてみませんか」と言う。

――ほう。

和尚　そう言ったら、「はい、騙されましょう」と。それが最初の会話なんだな。

――なんか法然上人と親鸞聖人の関係みたいですね。

和尚　だから、ある程度の人、限界までできたり追求したりしてきた人でないと、その素直さが出てこない。普通の人には、そこが返しにくいところなんだけど、あるところまで行った人は、今の話は本当にすんなりといただけるんだな。

――はい。（極めた人同士に、会話や無駄な言葉はいらない。）

和尚　だから、僕は、素直な人というのはあらゆることの近道だと思っている。しかし、世間ではそれを馬鹿にして、そうすることで度量を示したり、生き甲斐を得ようとしたりする。例えば、仏教で「方便」という言葉を使うと、いかにも言い訳のことのように受け取られてしまう。しかし、仏教でいう方便とは、悟りに近づくというのが本当の意味なんだ。

なまじっか世間慣れしちゃっている、訳の分からない生き方をしている奴っていうのは、騙されんぞとなる。素直な人はね、強いんだよ。素直なほど、強くなる。（まさに金言。）

——当たり前のことを、素直に感謝する。当たり前の日常、当たり前の自然に感謝する。素直になれば、本当の自然の真理が見えてくる。なぜ、生きていられるのか？　生まれて来るのか？

わずか四年で悟りを得た山崎弁栄聖者

——西洋はインスピレーションだと言います。パッとしたひらめきだ、と。しかし、東洋の場合は情操ですね。それが深まると、境地も深まっていく。いい悪いじゃなしに、そういう違いがあるんじゃないか、と。

和尚　ある程度、これ体験してくると、分かってくるんだけどね。これは体験しかない。例えば、岡先生が弁栄さんに感じ入ったというのは、弁栄さんが悟ったのが二四歳のときだったということもある。お釈迦さんが六年ぐらい。法然上人は二四年くらいだったかな。そう考えると、弁栄さんは四年足らずなんだよ。だからすごいんだ、と岡先生はおっしゃっていた。

——ほお。

和尚　それで、今度は、そんなに若くして悟った弁栄さんってどんな人だろう、ということになった。今の千葉県で生まれたんだが、父親は大変信心の篤い人だった。でも、ごく普通の家柄で、そういう意味では、こういう人物はどこから輩出されてもおかしくない。

——そういうことですね。

和尚　弁栄の歌にこういうのがあります。「弥陀の法界に遍く。衆生仏を念じ、仏もまた念ず。一心に専念にして小坊主が慢じて、一人寥寥（りょうりょう）」。どういう意味かというと、弁栄さんの悟ったときの心情だね。見仏といって、弁栄さんは仏を目の当たりに見たわけだ。岡先生は、さっき言ったように、すごいな、と。弁栄さんは、青年の頃に浄土門に入って、独自の方法で修行した。わずか四年足らずで「寥寥」と、これを開いて見仏したと。岡先生は、「この四年足らずは史上最短である」と。釈尊は五年、八年という人もいる。法然上人に至っては、二十数年かかっている。まず、最初の悟りは華厳経からだね。

——華厳経の教えとは……。

和尚　弁栄さんの悟りというのは見仏だね。これは華厳の一心法界の考えに基づいている。人間の心が法界心そのものになることである。人の心の最も小さいものが社会心で、これは自他の区別のみに執着する心であると。常に自分と他人を区別し、比較する心のこと。この自他の区別の枠がなくなると、人の心は、今度は自然法界心ということに拡大する。すると、自他の区別がなく、自然界と人間界という区別もない。しかし、ここにはまだ時空の枠というものがある。時間的制限、空間的制限を受けなくてはならない。これがなくなったときに初めて、人の心は法界心というものになる。人の一心が法界と一つになる。一つだから、どちらがどちらかの内にあるとか、外にあるとか、中間にあるとかいうことがなくなる。これが一心法界であり、悟りであると。これが、弁栄さんが二四歳にして得た悟りというわけだ。

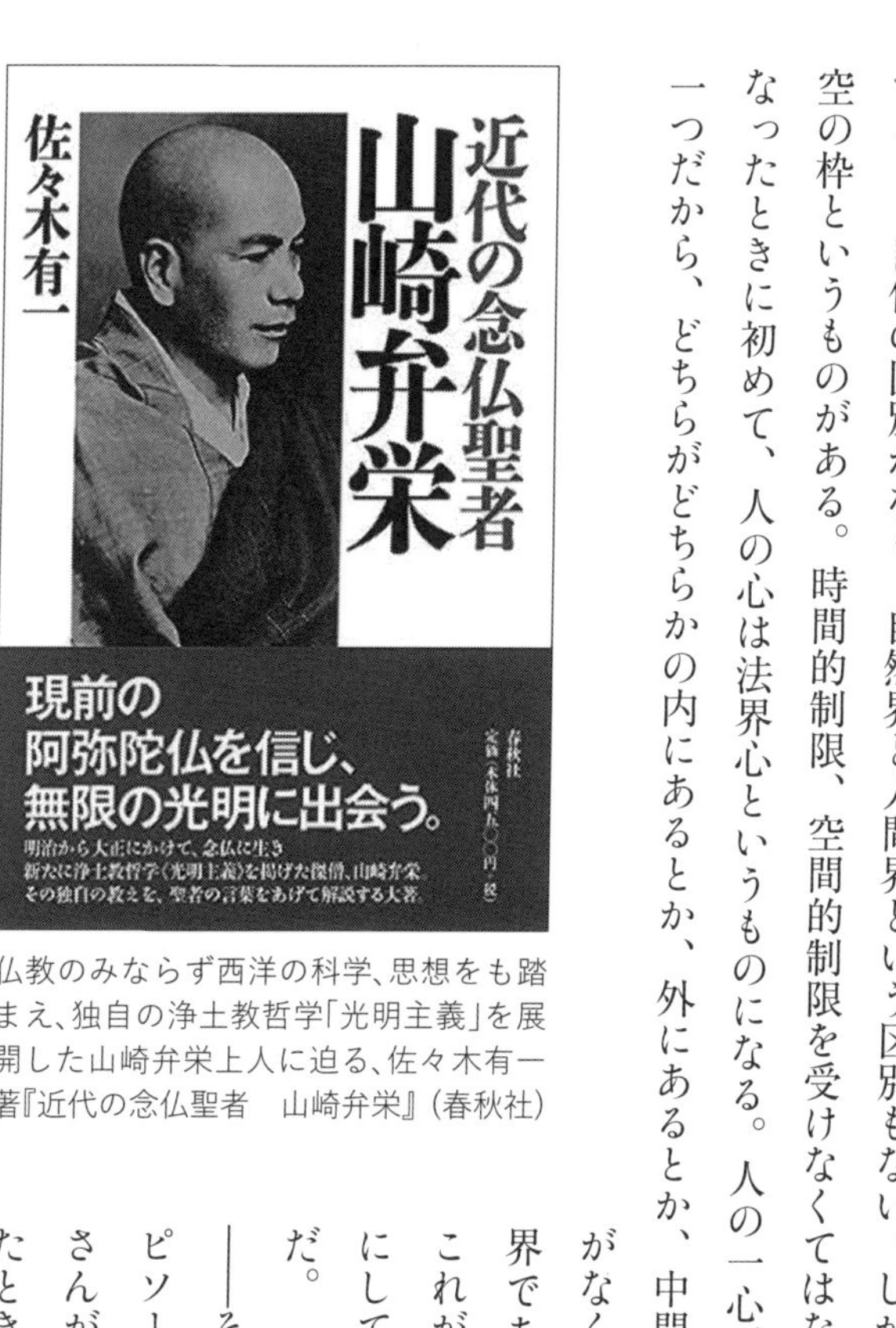

仏教のみならず西洋の科学、思想をも踏まえ、独自の浄土教哲学「光明主義」を展開した山崎弁栄上人に迫る、佐々木有一著『近代の念仏聖者　山崎弁栄』（春秋社）

――そういえば、こんなエピソードがあります。弁栄さんがある村を行脚していたとき、成仏していない霊に会い、お経を唱えて成仏させます。そのことを村人に話すと、村で行方不明の者がおり、さっそく池の周囲を探すと、水死体が見つかる。自然法界心そのものの世界かもしれません。

こんなこともあったそうです。旅先で、汽車の時刻になっても、弁栄さんが出発しようとしない。弁栄さんに声をかけると、「大丈夫。汽車は遅れている」と言う。実際、汽車は数時間遅れてきた。まさに、時空を超えた法界心かもしれません。

こうなると、人間ではなく仏ですね。実際、とても位の高い僧が、弁栄さんに面会を求めたところ、本堂でお経を唱えていた弁栄さんは、「今、お釈迦様とお話をしている最中……」と答え、高僧にはお帰りいただいたとか。悟りの世界は、常人にはとても理解不能です。

日本人の根底にある〝共通分母〟

和尚　最近、よく日本人とは何ぞやと、大上段に構えて言う文化人がいるけど、それはカエルが鳴いているようなもんですわ。そうじゃなくて、昔の日本人っていうのは口数が少なかった。その代わり、想いがものすごくあったから、分かっちゃう。お互いに言葉を使わなくちゃ駄目だっていうのは、西洋文化が入ってきたときに、なんでも羅列しないことには信用してもらえなかったから。日本の場合は、行為というものがすべてを総称する。それで情も分かるし。例えば、共通分母で浄瑠璃とか、ああいうものがあるでしょ。浪曲でもいいわ。そんなものを聞いて、同じ心情というものを精神的なバックに、みんな分かっているから、詳しいことはいちいちいらない。

――なるほど（文化で価値観共有、世界に誇る民族）。

和尚 みんなが分かっていること、そういうものが文化として、縦軸として、遺産としてあるわけ。

――そう言うと、やっぱり戦前・戦後で、ちょっと切れている感はありますね。

和尚 なんでか？ はい、それは〝ゼニ〟だけで勝負をしちゃったから。

――そうですね。〝お金を儲けることイコール善〟みたいな、そういう価値観に置き換わっちゃいましたね。

和尚 だから、そうでないような日本に、また進化していかなくちゃいかんと思うんだけどな。

――実は、そういう部分を、今の若い人のほうが分かっているのかもしれない。僕らのちょっと上の、戦後、ガラッと教育が変わってしまった世代は、そこらへんがおざなりにされたかもしれないですね。

和尚　だから、教育なんかでも、昔は情操教育とか道徳教育があって、共通分母を教えるわけだよ。嘘・本当じゃなくて、そこにどういう精神が生きているのか。そういうことについて、みんな学んできたんだ。

――良くも悪くも、戦後日本の教育の〝ひずみ〟が出てしまっているのかもしれませんね。

（山崎弁栄上人については、寺子屋ＣＤで、詳細にご案内しています。お申し込みいただければ、まさに〝目からウロコ〟の世界が語られています。）

誰よりも日本文化を誇った新渡戸稲造、クリスチャン武士道！

「日本の道徳思想の根本には武士道がある」――明治・大正・昭和と激動の時代を生き抜いた農政学者であり教育家の新渡戸稲造は、その著書『武士道』（滞在中のアメリカで、英語で執筆。一九〇〇年刊）を通して、日本文化を世界に知らしめました。

「人間は、それぞれ考え方や、ものの見方が違うのが当然である。その違いを認め合い、受け入れられる広い心を持つことが大切である」

『武士道』に記された有名な言葉の一つです。

同書は英語圏にとどまらず、ドイツ語やポーランド語など七ヵ国語にも訳され、世界中の人々に読まれました。そして、第一次世界大戦後、国際連盟が創設されると、新渡戸は事務局次長に就任し、世界平和に貢献します。

品川和尚は、この偉大な国際人・新渡戸稲造についても語っています。

キリスト教の矛盾に苦悩

和尚　江戸時代、伝常澄（つとうつねずみ）という南部藩の重役を勤めたすごい人がいたんだね。青森の不毛の大荒野の開拓を藩に申請し、奥入瀬（おいらせ）から八キロにも及ぶ水路を完成させ、肥沃（ひよく）な土地に変え、いろんな作物が採れるようにした。そういう先見性と実力を持った人物だった。

その息子が十次郎といい、その十次郎の息子が稲造という。現在の岩手県盛岡市で、一八六二年九月一日、文久二年だな、十次郎の三男として生まれる。そう、新渡戸稲造だよ。

——農政学者で教育家として知られる新渡戸稲造ですね。

和尚　それで、四歳のときには、箪笥の中にあった異国の珍しいものを持ち出して遊ぶんだ。つまり、父や祖父がね、江戸へ行ったときにお土産に持ち帰ったものがいろいろある。オルゴール、フォーク、ナイフ、マッチ……。子供には面白くてしょうがない。

――それは面白がるでしょう。

和尚 その少年は、西洋のものにやたら興味を持ったのね。好奇心の塊みたいな少年だった。それが五歳になったときかな、「袴の儀」というのがあった。袴を着てご飯の上に乗せられ、短い刀を腰に差して。子供心にも、自分は武士になったんだと。忠誠を守り、勇気を持って礼儀正しく、武士道を全うする、ということを全身で感じるわけだ。

――元服とは違うのですか。

和尚 元服は十五歳。これは通称「袴の儀」といって、初めて袴を着ける。で、ところが、六歳でお父さんが死んじゃう。お母さんの手で育てられる。そのお母さんが、いつも言い聞かせていたのが「一生懸命勉強して、偉い人になりなさい」。その頃、兄と二人で、新渡戸家のかかりつけの医者から英語の手ほどきを受けている。

そして、一〇歳のときに上京して、おじさんの養子になり、一二歳で東京外国語学校に入学する。そこで、すばらしい先生に出会う。日本の師範学校の祖と言われるマリオン・スコット先生（アメリカの教育者）。その先生のもとで、学問への情熱がすごく湧いてきた。

一四歳になった少年はね、もうベーコンだとかシェイクスピアだとかニュートンだとか、英文学をどんどん読破していくんです。

――英才ですな。

和尚　一八七六年、明治九年、一五歳のとき、稲造の進路を決める重大な出来事が起きた。それはね、若き明治天皇が東北を巡行する。その折、新渡戸家に立ち寄る。新渡戸家の人々は天皇に拝謁を許されるわけだ。天皇から直々にお言葉を賜わり、金一封をいただいたわけで、このとき、感激した稲造は農業をしようと心に誓うわけだ。

――天皇が立ち寄る家だったんですね。

和尚　それは、おじいさんがね、奥入瀬から八キロの灌漑用水を造ってしまったというのだから。それからですよ、明治一〇年、札幌農学校に二期生として入学する。ただ、初代教頭のウィリアム・クラークは、すでに帰国していない。ただ、クラークは自分の本を全部残していった。稲造は、それを全部、読み始めるわけだね。そして、稲造がキリスト教に入信すると、みんなが続く。その頃から、かなりすごい理解力を持っていたことは間違いない。農学校の授業は当時、すべて英語だったから。

――それは、先生がアメリカ人だったから？

クリスチャンでありながら、「日本の道徳思想の根本には武士道がある」と訴えた農政学者であり、教育者であった新渡戸稲造（朝日新聞社・提供）

和尚　そういうことと、これからは最低限、英語ができないと、ということで。猛烈に英語の勉強をしたんです。そのときに、親友の宮部金吾、内村鑑三の三人で、いつも主席を争っていた。ただ、英語に関しては、他の二人に絶対、負けていない。英語はずば抜けたものを持っていたんじゃないかな。ただね、成長するにしたがって、内向性の、思索するような人間になっていく。そうすると、彼はクラークが残していった膨大な本を、すべて読破しちゃう。そして、次第にキリスト教に対して疑問を持ってくる。

——ほお。どういうことで。

和尚　なんで、平和を説き、布教していく一方で、世界の国々を植民地化していくのかと。

——まさに侵略ですものね。

和尚　そうなんです。キリスト教に入信させ、植民地にして奴隷化する。それはおかしいじゃないかと、すごい疑問を持った。それで勉強しすぎて、急激に気力が落ちちゃったり、今言った信仰上の悩みを抱えたりして、鬱になっちゃう。

そのとき、ああそうだ、自分が苦しいときにはいつでも励ましてくれたお母さんがいた。そのお母さんに会おうと、一〇年ぶりに帰郷する。ところが、家に着いたら、二日前に死んでいた。彼は、たった一人の母を看取ることもできなかった自分を、一生許すことができなかった。それで、深い後悔故の苦悩で悶々としているとき、一冊の本と出会うんだ。

〝永遠の否定〟から〝永遠の肯定〟へ

和尚　イギリスの思想家トーマス・カーライルの代表作『サーター・レサルトゥス』という小説だけど、主人公は、幼くして父を亡くす。若くして母とも死別する。自身と同じ境遇だった。それで、のめり込むように、その中に入っていくんだよ。悩める主人公が、力を振り絞って己と対決し、精神的な危機から脱出していく。そういう姿にすごく感銘して、稲造はこの本を何度も何度も読み返す。そして、そうこうしているうちに、自分も次第に立ち直っていった。

――同じ記憶の人たちがいる、ということで自信になった……。

和尚 そうだね。そして、〝永遠の否定〟から〝永遠の肯定〟に変わっていった。

――肯定というのは。

和尚 だから、これまで否定していたものを前向きに受け止めていこうと。それで、『サーター・レサルトゥス』は、彼の座右の書になるんです。カーライルは彼の一生の人として、それからの精神的支柱になっていくわけですわ。

――ほお。

和尚 そして、稲造は二二歳のときに上京し、今度は東京大学文学部に入学する。でも、ここがまた面白いんだよ。入学にあたり、教授に、英文学専攻の理由を聞かれ、「はい。もし天が許してくれるなら、太平洋の架け橋になりたいと思っております」と答える。

――架け橋ですか。

和尚 ところが、東京大学に入ったら、札幌農学校よりもはるかにレベルが低かった。彼は幻滅を感じてね、すぐ退学し、アメリカに留学する。一八八四年ですね。ボルチモアのジョンズ・ポプキンズ大学で、経済学や歴史学を学び始める。この頃、親友だった宮部金吾に宛てた手紙が残っています。その中には、札幌に貧しい人々のための学校を創りたいという夢が、淡々と認められていた。それは、弱者を助けずにはいられないという武士道的気質と、キリスト教の愛と奉仕の精神から生まれたものだったんでしょうね。

――クリスチャンが武士道というのが面白い。

和尚　武士道というのは、愛だとか寛容だとか憐憫（れんびん）だとかいうものを、古来最高の道徳として認めてきましたからね。人の霊魂とか、そういう精神的なものを、最も尊いものとして。『武士道』は論理的というよりは、一つ一つ具体例を挙げて説明していくわけです。

何で『武士道』ができたかっていうと、一つは、彼が向こうの弁護士に日本は宗教もないのにどうして道徳心があるのか、もう一つは、奥さんのメアリーさんにも日本のことを聞かれる。そういう意味でまとめたものが『武士道』なんです。

――そういうことだったんですね。

和尚　それで、アメリカ留学中の二六歳の春、札幌農学校の助教授に任命されるわけ。で、ドイツに官費留学し、学位を取る。ちょうどその頃、お兄さんが死んじゃって、新渡戸の姓に戻るわけだが、ヨーロッパ各地を回って農業や産業を見学し、さまざまな実習を体験してくる。彼は農業が専門ですからね、屁理屈よりも実践を重ねた。

そして、ドイツ留学中の三年間、文通を続けた稲造とクウェーカー教徒のメアリー・エルキントンさん（日本名・新渡戸万里子）は一八九一年一月一日、フィラデルフィアの教会で結婚式を挙げる。国際結婚だよ。全員から反対されたんだけど、稲造はそれを押し切って結婚した。

——クウェーカーは平和主義ですよね。

和尚　そうなんですよ。「キリスト友会」とでもいうのかな、彼らはお互いを「フレンズ」って呼び合っている。世界で六〇万人、発祥地のイギリスで四万人、アメリカで一二万人。アメリカでは特に、フィラデルフィアあたりから来ているんです。日本が戦後のとき……。

——戦争放棄の憲法九条なんか、彼らの影響があったと思うんですけどね。

和尚　というのは、彼らの宗教の中心にある考えは〝内なる光〟。私がよく、人間は神の光の出口であると言っているが、この内なる光というものを認識し、それによって真実を証言するという信仰の証、これが尊くて……。

稲造さんなんかが特に喜んだのは、牧師がいらない。堅い儀式もいらない。だから、自分と神様で、その神様を心の中に光として宿したらいいわけだよ。かなり高度ですよ。

彼らの場合、いろいろ呼び名がある。最初の頃は求道者、道を求める。トゥルースイカというと、本当の道を求める者たち、求道団体。菩薩という意味になる。あるいはセイント、光の子、フレンド、クウェーカー。

特に証言には、平和のための証言とか、男女間のこと、民族のこと、平等のこと、質素・シンプルのこと。僕も質素については、シンプル・イズ・ベストではなく、いっそうのことシンプルエレガンスとしたほうがいいよ、日本の場合は、と言ったことがある。

——それも、稲造さんがメアリーさんと結婚したからですよね。

和尚　一八九一年、三〇歳で帰国。札幌農学校に着任し、教育者として仕事に情熱を傾けていく。教育とは、知識を与えるものではなく、キリスト教の人格主義に基づいて自由と平等を愛する心を教えるものである、と。札幌農学校の教壇に立つと、欧米留学で学んだ新しい知識、リフレッシュな授業を展開したので、日本にはないキャラクター、ジェントルマンの風貌といい、内面から出てくるものといい、そういうものを醸し出していた。しかも、そこにユーモアを交え、英語で説く授業というのは学生たちの人気の的だった。

そうこうしているうちに、メアリーさんの実家から親の遺産が送られてくる。二人は、かねてからの夢があった。貧しい少年少女のために「遠友夜学校」を設立するという。男女共学で無料のこの学校では、稲造や友人、学生がボランティアとして先生を務めた。

目的に向かって邁進する意志の尊さ

〈教育者として活躍していた新渡戸稲造は、同郷の後藤新平の招聘を受け台湾総督府に赴任します。その後、京都帝国大学や東京帝国大学の教授を歴任。一九二〇年、国際連盟設立に際して、教育者で『武士道』の著者として国際的に高名な新渡戸が、事務次長の一人に選ばれました。〉

和尚　各国の碩学（せきがく）と接して多くのことを学び、世界の平和と文化向上のために貢献する、というようなことがいっぱい出てくる。だから、ジュネーブの七年間は、稲造にとってまさに幸福と充実した日々だったんです。

――農業をやり、社会救済をやり、すごく濃い人生だったんですね。

和尚　そうなんです。稲造が国際連盟を辞した昭和の初め、日本は急速に軍国主義へと傾いていった。一九三一年、満州事変が勃発すると、アメリカの対日感情が急速に悪化する。稲造は、反日の嵐の中、アメリカに渡る。「国を思い、世を憂えればこそ何事も、忍ぶ心は神の知るらん」という歌を残し、アメリカを説得に行く。一人で。七一歳の老体に鞭打って、約一年、アメリカ国内を回って説明と講演をする。一〇〇回を超える公演を行っている。彼のひたむきな努力には、己を省みず祖国のために尽くす武士の姿があった。まさしく武士道ですね。

しかし、アメリカのジャーナリズムの評価は厳しく、稲造の説明も納得もしなかった。一九三三年三月下旬、稲造はアメリカから帰国すると、わずか四ヵ月後、カナダで開催された第五回太平洋会議に出席する。その途中、列車の中で激しい腹痛に襲われ、苦しみながらも、会期中は日本の代表として職務を全うした。しかし、会議が終わり、ビクトリアで休養中、容態が急変し、一〇月一五日、メアリーさんに見守られながら七二歳の生涯を閉じるんです。

解剖をしたら、膵臓も大腸も全部腐敗していた。よくぞそんな形で生きていたもんだね。

国を一身で背負い……。

――ラストサムライですな。

和尚　本当ですね。軍事侵略と亡国への道を進もうとする国を憂いながら、天に召された。後弟子の経済学者・矢内原忠雄は、「荒海の中で、羅針盤を抱いて倒れた船長のようだ」と語っている。稲造は、目的に向かって邁進する意志の尊さを後世に示そうとしたのではないか。永遠の否定から永遠の肯定へと。

（新渡戸稲造先生については、「寺子屋勉強会」Ｐａｒｔ68で、ご案内しています。）

※

読者の皆さん、いかがでしたでしょうか、「寺子屋勉強会」――。

勉強というと、堅苦しい中で、優秀そうな先生が格調高く講義する「〇〇塾」のようなイメージがありますが、実際はご案内のように、無知な長屋の住人に好々爺が諸々教え、導くという、ざっくばらんな内容です。身近な人たちに分け入り、しかし内容は超一流といわれる学識者をも震撼させるに足るものが落とし込まれています。まさに世間の草の根に入り、教え、悟りに導くという和尚の真骨頂「真実の世界」そのものです。

日本ＷｅＰ流通ホームページでも、ダイジェスト版をご案内しております。遠く海外からも、ご要望があります。本書出版元・現代書林にて、お取り次ぎしております。よろしくご拝聴のほど、お願い申し上げます。

あとがき

お蔭様で、ありがたく本書出版の運びとなりました。出版元「現代書林」様はもとより、ご支援、ご協力いただいた皆様には厚く御礼申し上げる次第です。

本書はひとえに病に苦しむ人々に、無償でその救済に当たっているお寺のご住職・品川高文和尚の世界について案内したものです。筆者自身、喜寿を迎える年齢となり、その節目にこうしたありがたい和尚との出会いの話を届けられることに、あらためて仏のお導きがあったと思わざるを得ません。

本書の執筆にあたり、ご案内の「寺子屋勉強会」にご参加の塾長・福井さん、師範代・葉山さんはじめメンバーの皆様、和尚の秘術会得で施術会ご参加の皆様、ありがとうございました。皆様の熱心な姿に勇気もいただきました。

「縁に出会って縁に気づかず、縁に気づいて縁を活かせず」との格言もあります。

今や世界の人口は八〇億人、日本はおよそ一億三〇〇〇万人、筆者の生活する東京でも一三〇〇万人です。それだけ多くの人々と交流する場があっても、個人個人が実際に接触しているのは、家族、職場、サークル等、ほんの限られた範囲の人だと思います。ほとんどの人々が、そうしたわずかな出会いのなかで一生を終えます。

山本空外上人の教えにある「他者が幸福になるための行い」は、そうしたひと握りの人との出会いを通して、自身でできる何かを求めていく、人生観であるように思います。

読者の皆さん、こうした表現は何か「世のため・人のため」的に受け取られるかもしれません。しかし、筆者を含め、私たちは坐禅を組んで瞑想したり、「難行苦行の末、悟りを得る！」というような、修行をしたりする仏僧の方とは違います。ごくごく普通の社会生活を送る市井の人に違いありません。

それでも、日々の行いを通じ、他者に喜んでいただく何かを続けていくことが、私たちの修行であるように思えます。

筆者自身のことを振り返ってみても、すでに社会人となって五〇年を過ぎました。この期間に、深い感銘をもたらしてくれた方々に、奇跡的に巡り会えたことを大変ありがたく思っているわけです。

その恩返しとして、和尚のご高説を収録した「寺子屋勉強会」のCDを制作しました(日本WeP流通ホームページ「真理を語る品川和尚・寺子屋勉強会」https://www.j-wep.com もしくは現代書林https://terakoya.base.ec/)。

回文(前から読んでも後から読んでも同じ)に「みがかぬかがみ」(磨かぬ鏡)という言葉もあります。その回文の如く、いつも目に見える常識、過去から観た世界観でいいのでしょうか。逆も真なり。目に見えない非常識の世界から観た時、本当の真理を悟ることもあります。科学や文明の進歩もその繰り返しから生まれた大発見のように想えるのです。

ならば、代々一個人の行いも、他者を活かすリスペクトする過程で真の悟りに出会えるかもしれません。日々、少しずつでも続けていくことが、「日々是好日」となると想えるのです。

それは、まさに本書でご案内させていただいた変化・変成する量子エネルギー場、菩薩フィールドの世界のことと思うわけです。ありがとうございました。

二〇二三年　夏吉日

佐久間英和

緊急追記

読者の皆さん、本書の筆を置いた後のご案内で、申し訳ありません。

直近の新聞記事二点をご紹介します。読売新聞本年7月3日付け「重力波　宇宙の広範囲から」、同8月13日付け「ミュー粒子　予測値とズレ」と、それぞれ題した記事です。

和尚との語らいの場で表現される光量子エネルギーに関連する記事です。和尚は、そこで取り上げられているものを念波とも語っています。

一つ目は宇宙における振動重力波の存在記事です。

宇宙を生命体と捉えれば、それは宇宙の鼓動のようなものかもしれません。見えなくても、感じなくても、確かな存在です。無限の宇宙の母、仏の光の世界観です。

もう一つは、最極小の素粒子の動きは予測不能、最先端の量子計測モデルでも誤差が発生する、という記事です。

本書における和尚との親交のあった日本の数学界の大御所・岡潔博士をもってしても、最後は達観の極みか、木魚を叩き念仏を唱えていた心境が拝察されます。

和尚が語る「空間（宇宙）は物質に変換し、物質は空間に還元する」「スカスカと思っている空間を、素粒子が飛び回っている」との教えに通ずるものなのでしょうか？……。想いを馳せることができるだけでも、有難いと思っているわけです。

本書第三章111～112ページに、山本空外上人と湯川秀樹博士の語らいのエピソードをご紹介しています。京都・知恩院の一角に、上人と博士が並び隣り合ったお墓があります。筆者も墓参しました。

二人の大達人は、この記事を読んで何を語り合っているのでしょうか……。

悠久の宇宙、仏の光に、ただただ感謝しかありません。

救済と実践

2023年10月5日　初版第1刷

著　者 ―――――― 佐久間英和
発行者 ―――――― 松島一樹
発行所 ―――――― 現代書林
〒162-0053　東京都新宿区原町3-61　桂ビル
TEL／代表　03(3205)8384
振替 00140-7-42905
http://www.gendaishorin.co.jp/
ブックデザイン＋DTP ―― 鈴木知哉(nonburu)
画像 ―――――― Adobe Stock

印刷・製本　(株)シナノパブリッシングプレス
乱丁・落丁本はお取り替えいたします。

定価はカバーに表示してあります。

ISBN978-4-7745-1982-1 C0015